# 中国传统文化四谈

## ——品、味、情、趣

·文化界说·品衣·味道·文情·字趣·

方 琼 ◎ 编著

云南出版集团
云南人民出版社

图书在版编目（CIP）数据

中国传统文化四谈：品、味、情、趣/方琼编著. -- 昆明：云南人民出版社，2018.7（2023.8重印）
ISBN 978-7-222-17329-3

Ⅰ.①中… Ⅱ.①方… Ⅲ.①中华文化—高等学校—教材 Ⅳ.①K203

中国版本图书馆CIP数据核字(2018)第156750号

| | |
|---|---|
| 组稿编辑： | 陈粤梅 |
| 项目统筹： | 冯 琰 |
| 责任编辑： | 王曦云 |
| 责任校对： | 武 坤 |
| 装帧设计： | 杜佳颖 |
| 责任印制： | 代隆参 |

## 中国传统文化四谈——品、味、情、趣
ZHONGGUO CHUANTONG WENHUA SI TAN——PIN、WEI、QING、QU

方 琼 编著

| | |
|---|---|
| 出　版 | 云南出版集团　云南人民出版社 |
| 发　行 | 云南人民出版社 |
| 社　址 | 昆明市环城西路609号 |
| 邮　编 | 650034 |
| 网　址 | www.ynpph.com.cn |
| E-mail | ynrms@sina.com |
| 开　本 | 720mm×1010mm　1/16 |
| 印　张 | 10 |
| 字　数 | 140千 |
| 版　次 | 2018年7月第1版　2023年8月第2次印刷 |
| 印　刷 | 昆明理煌印务有限公司 |
| 书　号 | ISBN 978-7-222-17329-3 |
| 定　价 | 39.00元 |

云南人民出版社微信公众号

如需购买图书、反馈意见，请与我社联系
总编室：0871-64109126　发行部：0871-64108507　审校部：0871-64164626　印制部：0871-64191534

**版权所有　侵权必究　印装差错　负责调换**

本系列服装灵感来源于黎族服饰，融入了黎族的文化内涵，把黎族常用的服饰图案运用到本系列服装中，迎合流行趋势，素材上运用黄色、蓝色等，给人以明快的视觉效果

服饰中传统元素的审美

现代人体彩绘

2014年，走红网络的美国4岁柴犬

湖南长沙马王堆一号汉墓出土的素纱禅衣

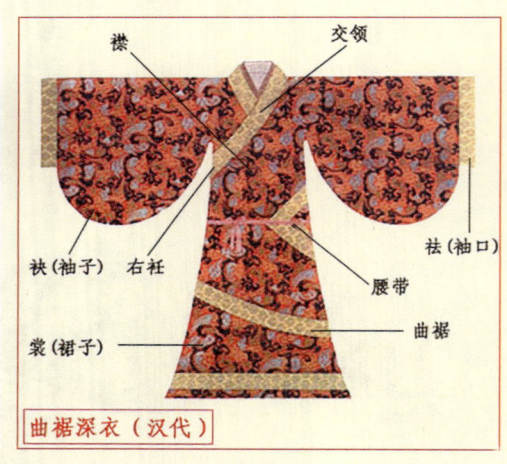

襟　　交领

袂(袖子)　右衽　　祛(袖口)

腰带

裳(裙子)　　曲裾

曲裾深衣（汉代）

直裾深衣和曲裾深衣

续衽钩边
示例图

曲裾深衣穿着
效果图

穿绕襟深衣的妇女（湖南长沙马王堆一号汉墓出土的帛画局部）

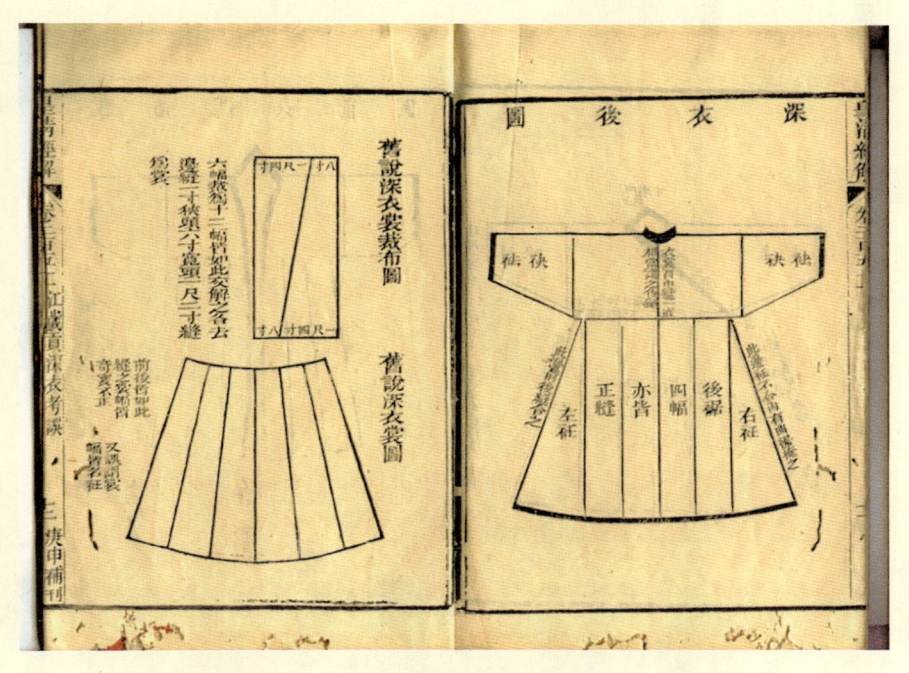

江永深衣概念图

2007年，百名学者倡议将汉服作为北京奥运会的礼仪服装

石榴裙

初唐女装

盛唐女装（唐代张萱《虢国夫人游春图》）

中晚唐女装（唐代周昉《簪花仕女图》）

旗兵服装 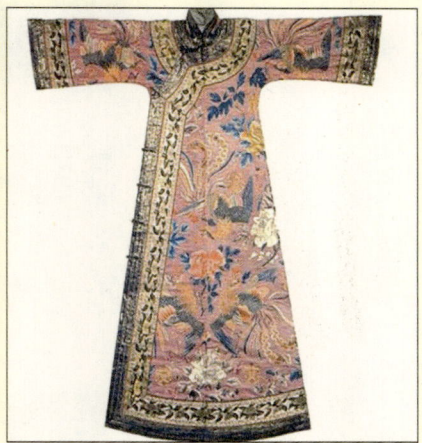　　　　　　　　　女式旗装

2008北京奥运会开幕式上的瑞典女运动员服饰

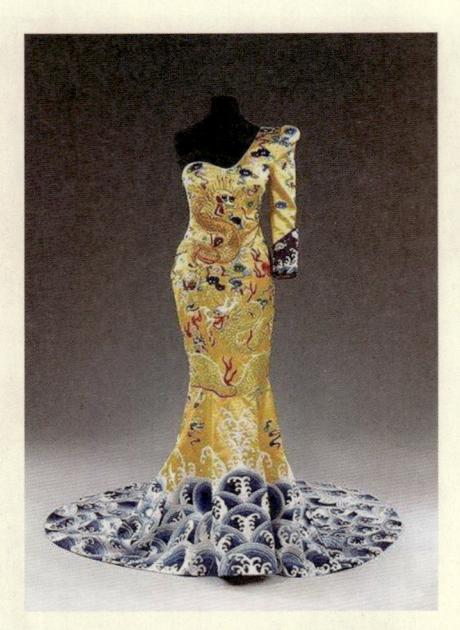

2010年戛纳电影节上出现的"龙袍"

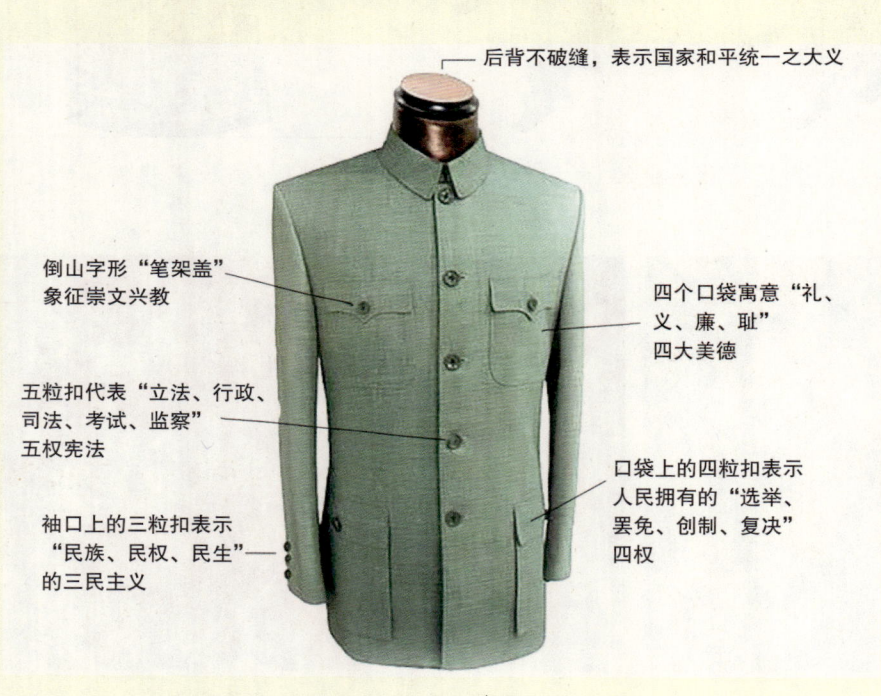

后背不破缝，表示国家和平统一之大义

倒山字形"笔架盖"象征崇文兴教

四个口袋寓意"礼、义、廉、耻"四大美德

五粒扣代表"立法、行政、司法、考试、监察"五权宪法

口袋上的四粒扣表示人民拥有的"选举、罢免、创制、复决"四权

袖口上的三粒扣表示"民族、民权、民生"的三民主义

中山装图解

"吃"的创意字 　　　　　　　　北京烤鸭

西湖醋鱼 　　　　　　　　北京涮羊肉

宫保鸡丁 　　　　滑熘肉片 　　　　荷叶粉蒸肉

刀工细巧的菜品

东坡肉

叫花鸡

过桥米线

古代炊具与酒具

南朝青瓷莲花尊　　　　　南宋影青瓷酒注及温碗
（国家一级文物，被誉为"青瓷之　（国家一级文物，1983年出土于镇江）
王"，1972年出土于南京）

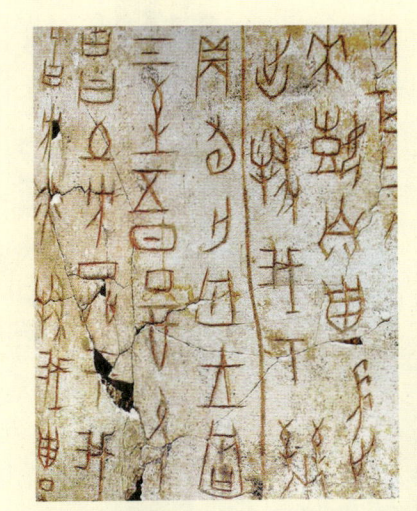

甲骨文

现存最早的石刻文字——石鼓文
（为公元前344年至前256年间秦国之物）

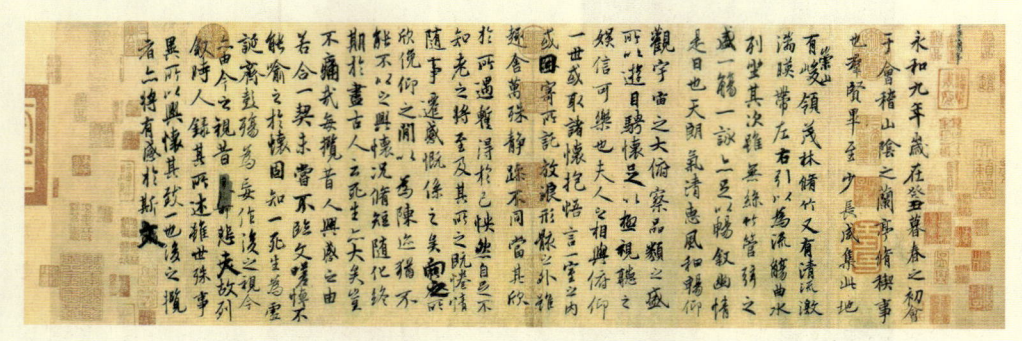

王羲之《兰亭序》摹本

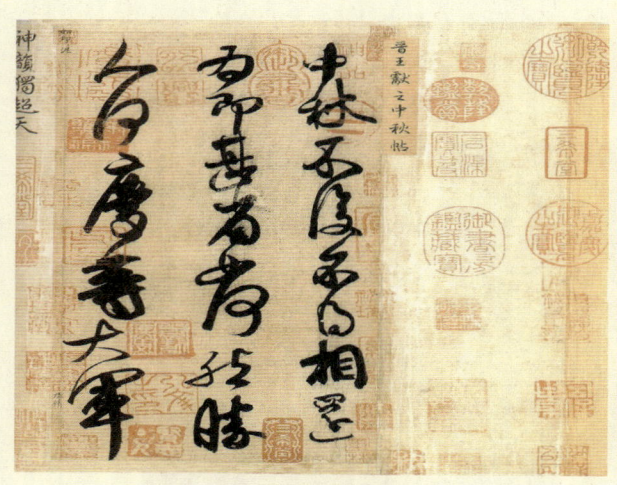

王献之《中秋帖》

王珣《伯远帖》

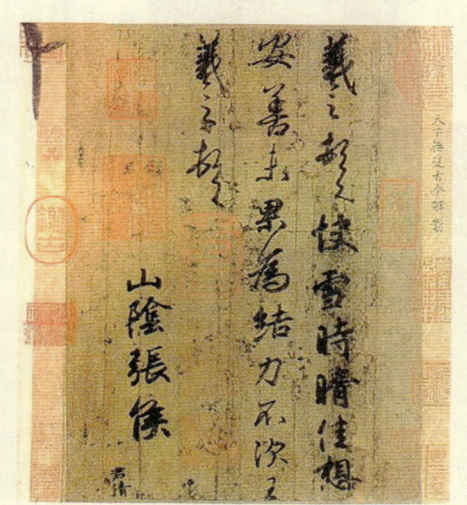

王羲之《快雪时晴帖》

张旭《肚痛帖》

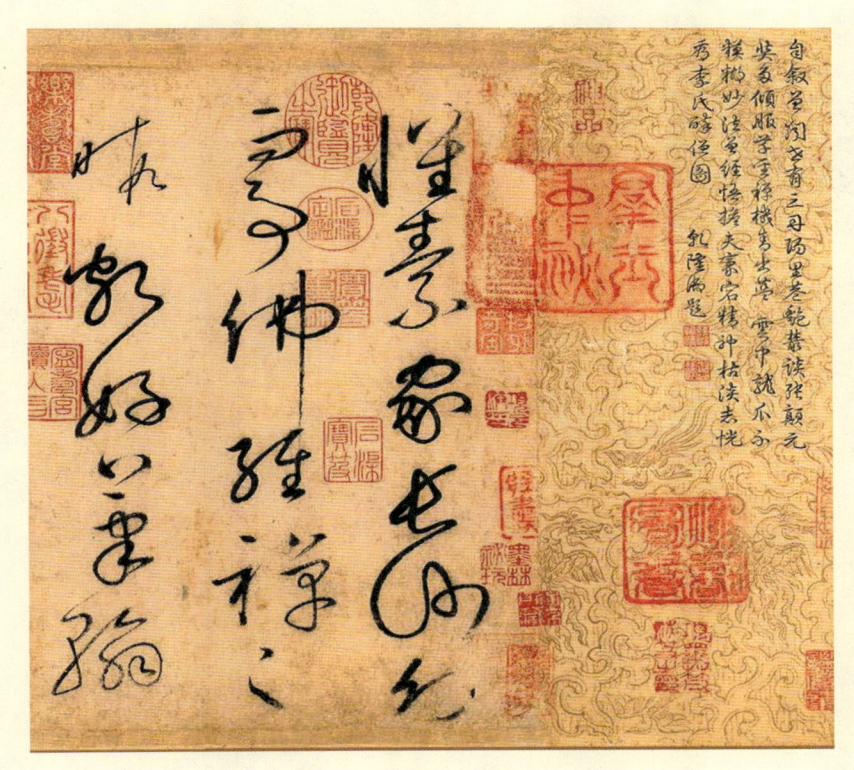

怀素狂草《自叙帖》局部

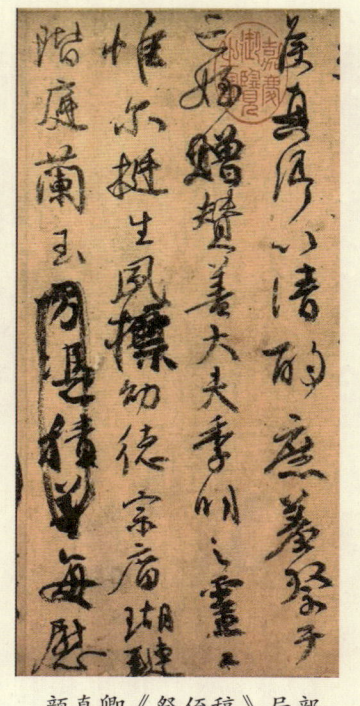

颜真卿《祭侄稿》局部　　　　　　　　　苏轼《江上帖》

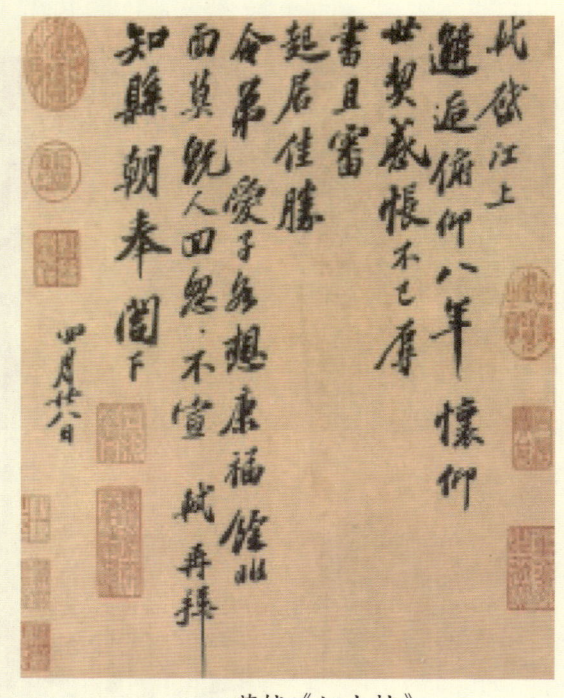

宋徽宗赵佶的瘦金书：瘦挺爽利，侧锋如兰竹　　　宋克《急就章》

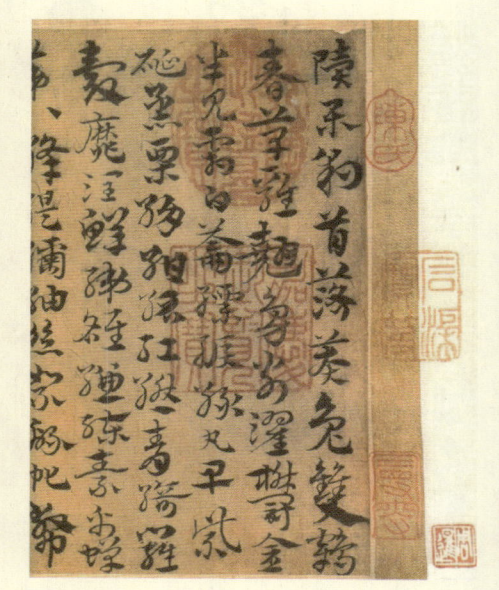

# 自　序

翻开人类的发展进程史，中华文明上下绵延五千年，其典籍之丰、文化之富，犹如浩瀚宇宙里这颗蓝色星球上的耀眼明珠，在历史长河的冲刷和打磨下，至今，仍有着不可磨灭的光辉和不可比拟的意义。

近代以来，在中西方文明的冲突中，曾有过对传统文化几起几落的认识，但是，无论什么样的态度，都无法改变文化自有的特点，那就是：以文教化、人文化成。传统文化是一个民族的基因，没有文明的继承和发展，没有文化的弘扬和繁荣，就没有民族的脸谱和自信。在今天这个"全球化时代"，要想在日益融合的世界文化中保持住自己的面孔和血脉，不患"脸盲症"[①]，就要传承和发扬自己的传统文化，不至于使中国文明在文化融合的冲刷下"去中国化"；要在世界文明进程中留下中国人自己的印记，即中国人的面孔和血脉。

让广大读者用管中窥豹的方式了解中国传统文化，在衣食生活和书文艺术中品味传统文化的精髓和魅力，以期在历史典籍与现实的社会体验中，思考对传统文化的继承与创新的结合问题，是笔者的初衷。

是为序。

于雨中昆明

---

[①] 医学名词，也是网络热词，指对别人的脸型失去辨认能力。

# 目　录

绪　言 ········································································· 1

一、"熟视无睹"的文化 ················································ 2

　（一）文化无处不在 ··············································· 2

　（二）文化无时不在 ··············································· 3

二、生活中文化概念的不明晰 ········································ 4

三、文化概念的形成和发展 ··········································· 5

四、文化概念的内涵和基本特性 ···································· 7

　（一）文化的定义 ··················································· 7

　（二）文化的基本特性 ············································ 7

五、中国传统文化的界定 ·············································· 9

　（一）传统以及传统文化的定义和特征 ···················· 9

　（二）中国传统文化的界定 ··································· 10

第一章　品　衣 ························································· 12

一、服饰的功能及发展过程 ········································· 12

　（一）御寒 ··························································· 13

　（二）美化（装饰） ············································· 13

（三）文明……14

## 二、中国传统服饰的文化特色……17
（一）传统服饰的特点……17
（二）传统服饰的文化内涵……17

## 三、品传统服饰之美……19
（一）汉服与汉朝服饰……19
（二）唐装与唐朝服饰……27
（三）（清代）旗装与（民国）旗袍……31
（四）中山装……35

# 第二章 味"道"……38

## 一、中国食文化的缘起和继承……39

## 二、中国食文化的背后……40
（一）食文化受自然环境的制约……41
（二）食文化受人文环境的影响……42

## 三、中国的饮食特征……42
（一）典型的饭菜结构……43
（二）烹饪发达……43
（三）聚食制……45

## 四、中国食文化的内涵……47
（一）烹饪之道……47
（二）调和之道……54
（三）做人之道……58

（四）四时之道 ································································ 60
　　（五）治国之道 ································································ 63

## 第三章　文　情 ································································ 67
### 一、中国古典文学的辉煌成就 ················································ 67
　　（一）原始时代文学 ·························································· 68
　　（二）先秦文学 ································································ 70
　　（三）两汉文学 ································································ 73
　　（四）魏晋南北朝文学 ······················································· 76
　　（五）唐宋文学 ································································ 80
　　（六）元明清文学 ······························································ 84

### 二、中国古典文学的情怀 ······················································ 91
　　（一）家国情怀 ································································ 92
　　（二）责任情怀 ································································ 93
　　（三）士大夫情怀 ······························································ 94
　　（四）悲剧情怀 ································································ 97

## 第四章　字　趣 ································································ 104
### 一、说文解字 ······································································ 104
　　（一）文字的起源 ······························································ 106
　　（二）造字的缘起 ······························································ 107

### 二、结构及演变 ··································································· 112
　　（一）汉字结构 ································································ 112

（二）汉字的形体演变 ·················································· 115
　　（三）汉字的构造演变阶段 ·········································· 119
　　（四）汉字形体演变的趋势 ·········································· 121
三、世界影响 ···································································· 123
　　（一）古代汉文化圈 ···················································· 123
　　（二）现代中式英语 ···················································· 125
　　（三）孔子学院 ···························································· 127
四、书写有法 ···································································· 129
　　（一）字的艺术 ···························································· 130
　　（二）书画同源 ···························································· 134

初版后记 ············································································ 138
重印后记 ············································································ 139

# 绪　言

文化不只是生活方式，更是一种精神价值，它的意义在于给心灵以启迪，给精神以力量。季羡林曾说过，"中国从本质上来说是一个文化大国，最有可能对人类文明做出贡献的是中国文化"。今天，世界更加关注中国文化，让更多的中国文化走出去，讲好中国故事，打造更多能承载中国文化气度、负载中国价值观的优秀内容载体，与世界共赏中国文化之美，人类文明将会拥抱更多的可能性。[①]

中国文化，是以华夏文明为基础，充分整合全国各地域和各民族文化要素而形成的文化。受中华文明影响较深的东方文明体系被称为"汉文化圈"。从旧石器时代的发明创造，到康有为、梁启超的维新变法，再到孙中山的民主革命，以及今天的新时代中国特色社会主义实践，无一不是推动社会向前发展的动力。

中国文化不但对日本、朝鲜半岛产生过重要影响，还对越南、新加坡等东南亚、南亚国家乃至美洲地区产生了深远的影响。中国发达的造船技术和航海技术，以及指南针技术，首先应用于航海，引领了人类所谓蓝色文明和环太平洋文化圈的形成。郑和七下西洋更加深了这种文化的传播和辐射，并由此形成了世所公认的以中国文化为枢纽的东亚文化圈。随着中国国力的强盛、国际地位的提高，世界各国，包括亚洲、欧洲在内的一些国家，都对中国文化给予了高度的认同和重视。[②]

---

① 张凡：《中国文化，让世界看见》，《人民日报》2017年5月31日。
② 中国文化，百度百科，引用日期：2017年7月25日。

全球金融危机和欧债危机在动摇西方经济霸权、深刻改变全球经济秩序的同时，也在悄然改写全球文明秩序，新的国际文化格局正在形成。就中国而言，从"世界走向中国"逐渐转向"中国走向世界"，作为负责任的世界大国，中国不仅要持续学习和借鉴世界优秀文化，更要有自信、有准备、有步骤地向全球传播自己的优秀文化，为解决世界问题提供中国方案和中国价值。[①]

但是，近代以来，中华民族遭遇了前所未有的危机，从被坚船利炮打开国门，到对制度文化的批判，时至今日，习惯向西方学习、照搬国外经验、缺乏文化原创的自觉，这种思维惯性阻碍着我们形成应有的文化自信，使我们失去了"发现美的眼睛"而变得妄自菲薄[②]。一个拥有五千年文明的民族，其文化自信反倒成了一个全球化时代背景下需要重新认识的问题，甚至有人怀疑中华文明的基本价值，更不必说中国文化具有的世界意义了。

因此，秉持文化自信走向世界的中国文化，不能仅仅满足于"走出去"，刷跨出国门的"存在感"，更要追求"入耳""入心"的实际效果，切实融入我们的生活世界。[③]

## 一、"熟视无睹"的文化

### （一）文化无处不在

人是文化的人，人的世界在某种意义上说就是文化的世界。进入信息时代以来，文化以它特有的魅力从人们的日常生活中升华出来，甚至形成"经济搭台、文化唱戏"的一道亮丽风景，媒体上、生活中、工作中，我们无时无刻不以某种方式"遭遇"文化，同时也都在以各种方式"文化着"。德国哲学家、文化哲学人类学的主要代表蓝德曼认为："人类生活的基础不是自然的安排，而是文化形成的形式和习惯。"可以说，有人的地方就有文化。穿衣打扮、举手投足、饮食爱好、风土人情、见面打招呼等等，

---

①②③ 任平：《"三知"：中国文化影响世界的三个支点》，《人民日报》2017年7月24日。

无不是文化的体现。

人作为文化的存在，必然蕴含着人作为社会、历史、传统的存在。人是社会的存在，社会是全部文化的保存者和传递者；人是历史的存在，具有超越和依赖历史的力量，既决定历史（创造具体的历史文化），也被历史所决定（受文化和历史的制约）；人是传统的存在，是靠继承传统，而非靠遗传来引导生活的，"个体首先必须吸收与他相关的文化传统，必须爬上他出于其中的文化高度"①，才能有所创造——人总是与传统保持着距离，以便肯定或否定传统，进而超越传统。

（二）文化无时不在

一般情况下，人们很难感受到文化的存在和文化的力量，只有在个人生活和社会生活的一些重要转折处，文化才以冲突的形式显现出来。

14~16世纪，欧洲爆发的文艺复兴运动，就是在复兴古希腊、罗马文化的名义下发起的一场弘扬资产阶级思想和文化的运动，是欧洲从中世纪封建社会向近代资本主义社会转变时期的反封建、反教会神权的伟大的思想解放运动。新兴资产阶级知识分子在复兴古典文化的旗帜下，展开了对中世纪基督教会和神学的批判，他们立足于人文主义的新视角，重新审视和解读古典文化的真义，并站在时代的高度，对之进行了新的阐释。正是在古典文化的启发下，他们奏响了响亮的"人的颂歌"，而在这片颂歌声中，中世纪的幽灵退到了黑暗的角落里。人类思想的解放、社会的进步往往以科学的发展为先导，在神学与人学的斗争中，人类从神话王国进入自然王国的探索旅程，在对宇宙和自然以及人类社会本身的无穷探究中，开启了科学与理性的时代。

文艺复兴运动不仅是古希腊、罗马文化影响的结果，它还吸收了外来文化，特别是阿拉伯、印度和中国文化中许多有用的东西，中国的指南针、火药制造术、造纸术引起了欧洲航海、军事、文化等领域的革命，对文艺复兴起到了重要的推动作用。

同样，20世纪初，发生在中国的新文化运动，是由一些受过西方教育

---

① 蓝德曼：《哲学人类学》，工人出版社1988年版。

的人发起的一次"反传统、反孔教、反文言"的思想文化革新和文学革命运动。他们提倡民主与科学，抨击统治中国2000多年的传统礼教，启发人们的民主觉悟，推动现代科学在中国的发展，为马克思主义在中国的传播和五四爱国运动的爆发奠定思想基础。在思想文化方面，推动当时的人们对辛亥革命的失败进行反思，认为必须从文化思想上冲击封建思想和封建意识。新文化运动的出现既是当时特定历史时期经济、政治、思想文化诸因素综合作用的产物，也是近代中国经历长期的物质、思想准备后的必然结果。

文艺是时代前进的号角，最能代表一个时代的风貌，最能引领一个时代的风气。1942年5月的延安文艺座谈会，是抗战爆发后，中国共产党在根据地展开的文化建设的总结，毛泽东提出了文艺为工农兵服务的方针，阐述了文艺源于生活又高于生活的原理。2014年10月的北京文艺座谈会，是新一届中央领导对新的历史条件下文艺工作的全面部署，习近平指出，实现中华民族伟大复兴需要中华文化繁荣兴盛。

纵观历史，每一次社会生活的重大转折，都伴随着新旧文化的激烈冲突和变革。

不仅如此，个人生活的转折也充斥着文化的意蕴。众所周知，人类心理发展的两个逆反期，即婴幼儿时期客体自我意识的出现和少年时期青春发育时的叛逆，就是个体自我与社会文化、父母观念的冲突，个体正是在这种矛盾和冲突中，才得以成长。

## 二、生活中文化概念的不明晰

文化是一个非常广泛和最具人文意味的概念，对它的解释众说不一。但从东西方的辞书或百科全书中，却能找到一个较为共同的释义：文化是相对于政治、经济而言的人类全部精神活动及其活动产品。

时至今日，文化的定义有170种左右。不仅在理论上难以给文化下一个精确的统一定义，而且在生活中，还普遍存在对文化概念的不明晰使用。例如："没文化"，往往指的是学校教育、识字度、修养及对常识性知识了解的缺乏。这里的文化，指的是广泛的知识及将之活学活用与根植内心的修养。再如："文化人""文人"，往往指的是从事文学、艺术等人文科学的人，这里的文化成了具体文化形式的代指。由于人文科学与自然科学的不同，文学、历史、哲学、艺术所赋予人的内在和外在魅力，增加了人们对于文化的感知度，这正好与中国古人重道轻器的传统观念相吻合。

抛开文化概念的种种定义，仅从内容上来理解，文化应该包括：传统习惯、风俗习惯、思想理论、价值观念的概括等等。例如：中国人传统文化中的"三观"，第一是礼仪观。所谓的礼仪，不仅是人与人之间交往的规则，还包括了人与自然相处的方式。中国人有春祭日、夏祭地、秋祭月、冬祭天的习俗，这是中国人千百年来对大自然表达敬畏的礼仪，也是遵循四季轮回、日升月落、天地一体的自然规律之道。第二是和谐观。自古以来，中国人就崇尚和谐之美，这种美源于自然的和谐、人与自然的和谐、人与人的和谐以及自我身心的和谐。"和为贵"是中国文化的优秀传统和重大特征，是宽容主义精神和理论理性的表现。第三是感恩观。中国人有"滴水之恩，当涌泉相报""知恩图报，善莫大焉""孝子之至，莫大乎尊亲；尊亲之至，莫大乎以天下养""羊有跪乳之恩，鸦有反哺之义"等诸多古训，教人报恩供养，以修福德。

## 三、文化概念的形成和发展

从文化形成的途径来说，文化是历史地凝结成的人的生存方式。它至少具有两个特点：一是人为的性质，即人所确立的不同于自然秩序和生存本能的社会行为规范，所以总是通过传统、习惯、伦理、纲常、价值、规范等表现出来。二是内在于人的一切活动之中，影响人、制约人、左右人的行为方式的深层的、机理性的东西。

"文化"是中国语言系统中古已有之的词汇。"文"的本义为文身，古人用"文"表示各色交错的纹理。《周易·系辞下》载"物相杂，故曰文"，《礼记·乐记》称"五色成文而不乱"，《说文解字》称"文，错画也。象交文"，均指此义。在此基础上，"文"又有若干引申义。其一，包括语言文字在内的各种象征符号，进而具体化为文物典籍、礼乐制度。《尚书·序》所载伏羲画八卦、造书契，"由是文籍生焉"。《论语·子罕》所载，孔子说"文王既没，文不在兹乎"，是其实例。其二，由伦理之说导出彩画、装饰、人为修养之义，与"质""实"对称，所以《尚书·舜典》疏曰"经纬天地曰文"，《论语·雍也》称"质胜文则野，文胜质则史。文质彬彬，然后君子"。其三，在前两层意义之上，更导出美、善、德行之义，这便是《礼记·乐记》所谓"礼减而进，以进为文"，郑玄注"文犹美也，善也"，《尚书·大禹谟》所谓"文命敷于四海，祗承于帝"。

"化"，本义为改易、生成、造化，如《庄子·逍遥游》载"化而为鸟，其名曰鹏"，《周易·系辞下》载"男女构精，万物化生"，《黄帝内经·素问》载"化不可代，时不可违"，《礼记·中庸》载"可以赞天地之化育"等等。归纳以上诸说，"化"指事物形态或性质的改变，同时"化"又引申为教行迁善之义。

"文"与"化"并联使用，较早见之于战国末年儒生编辑的《易·贲卦·象传》，"刚柔交错，天文也。文明以止，人文也。观乎天文，以察时变；观乎人文，以化成天下"，这段话里的"文"，即从纹理之义演化而来。日月往来交错文饰于天，即"天文"，亦即天道自然规律。同样，"人文"，指人伦社会规律，即社会生活中人与人之间纵横交织的关系，如君臣、父子、夫妇、兄弟、朋友，构成复杂网络，具有纹理表象。这段话的意思是：治国者须观察天文，以明了时序之变化；又须观察人文，使天下之人均能遵从文明礼仪，行为止其所当。其中，"人文"与"化成天下"紧密联系，"以文教化"的思想已十分明确。

西汉以后，"文"与"化"合成一个整词。《说苑·指武》有载："圣人之治天下也，先文德而后武力。凡武之兴，为不服也。文化不改，然后加诛。"《文选·补之诗》："文化内辑，武功外悠。"这里的"文化"，或与天造地设的自然对举，或与无教化的"质朴""野蛮"对举。因此，在汉语系统中,"文化"的本义就是"以文教化""人文化成",是"文治教化"的简称。它表示对人的性情的陶冶、品德的教养,本属精神领域之范畴,随着时间的流变和空间的差异,"文化"逐渐成为一个内涵丰富、外延宽广的多维概念,成为众多学科探究、阐发、争鸣的对象。①

## 四、文化概念的内涵和基本特性

### (一)文化的定义

文化是人的活动及其文明成果在历史长河中自觉或不自觉地积淀或凝结的稳定的生存方式。广义的文化是指人类在社会历史发展过程中所创造的物质财富和精神财富的总和,狭义的文化仅指人类的精神生活领域,即社会的意识形态,以及与之相适应的制度和组织机构。

英国社会人类学家马林诺夫斯基在其著作《文化论》一书中指出,作为承载精神产品的文化形态应该包括:物质、精神文化、语言和社会组织。物质是人进行生理活动和精神活动的工具。精神文化是在生产、生活及应用器物的过程中形成的知识、经验和观念,最核心的是通过伦理、哲学等体现出来的价值取向。语言的本质并不是一个工具的体系,而是一整套发音的风俗及精神文化的一部分,是文化传承的最基础的载体,京腔京韵、闽南软语的背后是一系列当地地理人文的反映。社会组织是个体生活的依附和归宿,是社会生活的地域、结构、制度的限制和规定,是行为文化的提炼和总结。

### (二)文化的基本特性

#### 1. 人为性

文化具有人为的性质,是人的类本质②活动的对象化。具体说来,文化往往同自然和人的先天遗传因素相对照,是人的自觉的或不自觉的活动的历史积淀,是历史地凝结成的人的活动的产物。在这种意义上,文化和历史是同义的范畴,它代表着人对自然的超越。人从茹毛饮血的时代一步步

---

① 罗钢:《文化研究读本》,中国社会科学出版社2000年版。
② 人的类本质:人类作为整体所具有的本质特征。马克思、恩格斯认为劳动是人的类本质。

走来，离不开对大自然的认识和改造，即便是今天所倡导的返璞归真，也处处留下了人为的痕迹。

2. 非自然性和非先天遗传性

美国学者恩伯在《文化的变异》中指出，"文化包含了后天获得的，作为一个特定社会或民族所特有的一切行为、观念和态度"，这就把文化和先天性、遗传性区别开来了。另一美国学者菲利普·巴格比在《文化：历史的投影》中指出，文化是"社会成员的内在的和外在的行为规则，但是剔除那些在起始时已明显地属于遗传的行为规则"。文化天生和自然本能相排斥，肚子饿了要吃饭，这是自然本能，但吃什么和怎样吃就是文化了。

3. 内在自由和创新性

文化是历史的，但并非一成不变。文化本身就是人类自由创造的结果，是人类超越自然本能而确立的人为的行为规范，它也可以被视为人的后天的"第二天性"。

文化因人而异、因时而异。一方面，由于个体的差异性和创造的不可重复性，在文化的传承上，总会带有个性化的理解和行为特征。同一个家庭出来的兄弟姊妹，成长环境和教育模式相同，但观念、价值取向会大相径庭，甚至背道而驰，这样的现象普遍存在，例子不胜枚举。另一方面，由于时代的发展变化，历史凝结成的生存方式，不可避免地要有适合当下的语境和内涵。文化的因人而异、因时而异，说明文化具有一定的自由度，为其创新性提供了可能。

人在创造文化的同时，也创造了自己。人在任何意义上都是独特的个体，能通过创造性确定自己的存在方式，实现自我完善。与人的创造能力并驾齐驱的是人的保存文化的能力，每一个体都会聚集经验，并让这种经验在每个群体中传递和流传下来，这就是外在于人的独立的文化世界。每个人都首先被这个先验的文化世界所决定，然后又成为文化的创造者，在创造的过程中，形成具有自我特征的个体。因此，人是文化的创造者，也是文化的创造物。

4. 群体性

文化的群体性具有三个明显特征：

（1）文化是历史积淀下来的被群体所共同遵循或认可的行为模式。

共同性是群体性的第一要素，群体共同遵守或认可的行为模式，才有成为"稳定生存方式"的可能，才能成为外在于人的先有的文化世界，影响并塑造着人。

（2）文化对于个体的存在具有先在的给定性或强制性。

由于文化是群体的共同规范，先于个体的存在而存在，它必然带有强烈的给定性或强制性。没有人能成为全部初始文化的创造者，所谓初始文化，不过是在前人经验、理论总结的基础上，对旧模式加以一定程度、一定范围的否定或创新，然后又让群体接纳的新的行为模式，区别仅在于与前人经验的深度和广度不同。因此，个体必须融入已有的文化世界，主动或被动地强制遵循共同的行为模式。

（3）个人的偶尔行为不构成文化模式。

文化是历史地凝结成的非个体性的习惯，个人的偶尔行为由于不具有群体性、共同性和延续性，因此不构成文化模式。在很多学科领域广泛使用的个案研究，是一种针对一个人的偏差行为进行深入研究的过程，目的是通过分析整合，了解案主问题的成因，提出适当的辅导策略，协助改善问题，增进个人适应。归根结底，还是在解决文化中个体与群体的"融"与"不融"问题。

## 五、中国传统文化的界定

（一）传统以及传统文化的定义和特征

从文化社会学角度解释，传统是指世代传承的具有自身特点的社会历史因素，如：逐代延续的思想道德、风俗习惯、文学艺术、制度规范等。在此基础上，因具有重要价值、具有生命活力而得以积淀、保存、延续下来，成为后世文化的主要组成部分的文化就是传统文化。传统文化是区别、对应于当代文化和外来文化而言的。

传统文化具有历史性、遗传性和现实性、变易性的特征。历史性、遗传性，指的是民族历史上各种思想文化、观念形态的总体表征。传统文化是一种反映民族特质和风貌的文化，是历史遗传的结果。现实性、变易性，指的是传统与现实结合后，在现实中找到延续下去的合理部分，这意味着允许并存在对传统文化的创新。

（二）中国传统文化的界定

中国传统文化是指以华夏民族为主流的多元文化在长期的历史发展过程中融合、形成、发展起来，具有稳定形态的中国文化，包括思想观念、思维方式、价值取向、道德情操、生活方式、礼仪制度、风俗习惯、宗教信仰、文学艺术、教育科技等诸多层面的丰富内容。从远古至清晚期以前（即1840年鸦片战争以前）的漫长历史中形成和发展起来的文化叫古典文化。传统文化既包括古典文化，也包括具有华夏民族特质的近现代文化。①

"古典"一词，源于拉丁文classicus，意思是"典范的"。西方学术界通常将古代希腊、罗马称为古典时代或古典世界，并将古代希腊、罗马文化界定为古典文化。实际上，当罗马人在全面吸收古希腊文化时，就曾赋予它以典范的含义。因此，所谓的西方古典文化，便是由希腊人开创，在罗马人那里得到发扬光大的一种文化传统或文化体系。

不论是西方还是东方，古典文化都充满浓厚的人文主义精神。这种人文主义精神渗透到了文化领域的各个方面，如政治生活领域中的民本主义，文学作品中对人的情感、人性、人的价值和尊严的大胆描绘和讴歌，艺术作品中对人体的着力刻画和赞美，如此等等。可以说，人文主义是古典文化的一个主题。因此，中国古典文化理应以其典范楷模和启迪之功，成为近现代中国乃至世界文化发展的源泉和动力。1992年6月，费孝通先生在"北京大学社会学十周年纪念会"上曾呼吁："现在的世界需要有一个新的孔子"，英国学者迈克法克也曾说过，"东亚五龙"的经济起飞是因为"它们都享有经世永久的儒学传统"。可见，传统（古典）文化有着深厚隽

---

① 本书以古典文化为主。

永的底蕴和力量。

20世纪，随着现代科学技术的兴起和发展，人们面临人文教育失落的危机。事实证明，没有深厚人文素质的人，不可能有创造的可持续能力，反而会成为技术的奴隶。现代中国更加需要将科学精神与人文精神结合起来，立足于修身养性、学会做人，培养宽厚仁爱、推己及人的责任感、使命感和坚贞的节操，用爱国主义精神、积极进取精神，塑造理想人格，并以此增强民族自尊心、自信心和自豪感，开阔文化视野，推动中国经济快速发展。

# 第一章 品 衣

1998年，一部来自大洋彼岸的有关社会等级与生活品位的书[①]，被译成中文，漂洋过海来到中国，风靡一时，一度被奉为"小资圣经"。书中，把衣着服饰与社会等级、生活品位挂起钩来。其实，服饰与社会等级的联系早在几千年前的中国就妇孺皆知了。

何谓品？《说文解字》有云，"品，众庶也。从三口。凡品之属皆从品"，进而引申出"等级"——品位、"辨别"——评品、"鉴赏"——品味等义。

借用保罗·福塞尔的一句话，"一切物品都散发着艺术的、社会的或道德的意味"，衣服也如此。衣食住行，是生活的常态，其中，"衣"位列首位，要想对中国传统文化做以一见百的了解，我们就从品味生活里的"衣"开始吧。

## 一、服饰的功能及发展过程

服饰，是人类文明的标志，又是人类生活的要素，它除了满足人们物质生活的需要外，还代表着一定时期的文化。西方古典文化里关于偷吃伊甸园里的智慧果，带来了文明的觉醒，就是从一片遮体的"树叶"开始的。[②]

---

[①] 指的是《格调》，由美国文化批评家、文学教授保罗·福塞尔（原籍英国，后移民美国）所著。

[②]《圣经》故事：亚当、夏娃在蛇的诱惑下，偷吃了禁果，发现自己赤身裸体，便用无花果树的叶子围在腰上。之后，亚当、夏娃被上帝逐出伊甸园。

"衣"字，在中国古代除了统指身上穿的衣服，另有广义和狭义两个解释。广义的衣，包括一切蔽体的东西；狭义的衣，专指上衣。因此，服饰也被看作是人的"第二皮肤"，具有御寒、美化（装饰）、文明三大功能。

（一）御寒

御寒是服饰最基本的功能。中国服饰文化的历史源流，可以追溯到距今五六千年前的原始社会母系氏族公社的繁荣时期。据战国人所撰《吕览》（即《吕氏春秋》）记述，黄帝时"胡曹作衣"，或说"伯余、黄帝制衣裳"。

中国传统服饰文化经历过三个发展阶段，即以原始社会为基础的"自然形态"时期、以阶级社会为基础的"制度形态"时期、以有阶级存在社会为基础的"自由形态"时期。"自然形态"时期的服饰就是以御寒为主。

自然形态时期指的是石器时代、仰韶文化时期、殷商时期三个时期。早在石器时代，人们就掌握了制造工具和使用工具的方法，发明了骨锥和骨针，创造了原始的服装。仰韶文化时期产生了纺织，开始用石陶纺轮把采集来的野麻纤维捻成细线，织成麻布，制成服装。殷商时期，随着"养蚕"的兴起，人们对丝织技术的熟练掌握和纺织机的进一步改进，"丝""皂"[①]的出现和"提花装置"的发明，制造出精美瑰丽的丝绸，服饰文化基本形成。

（二）美化（装饰）

"饰"，是为了增加人们形貌的华美。到了奴隶社会，随着私有制的出现，衣冠服饰的粉饰范围上升成了社会等级的标识，服饰文化进入了"制度形态"时期。

1. 等级性

《易经·系辞》称"黄帝尧舜垂衣裳而天下治"，意思是说，尊卑等级按衣冠服饰做出区别之后，大家安分于各自的等级不乱套，天下才不会大乱。服饰成了统治阶级"昭名分、辨等威"的参照物。

中国自西周起，产生了完整的冠服制度。自天子至大夫到士卿，服饰

---

[①] 皂斗、皂物的略称，其壳斗煮汁，可以做黑色染料——《周礼·地官·大司徒》。

各有区别定制，而且设有"司服""染人"等官职，专管服饰规范、服饰色别。魏晋时期，衣冠制度日趋完善，皇帝在不同场合有不同规定的服饰，且"衣画裳绣，皂上降下"；皇后则"皆以蚕衣为朝服"；王公贵族"服无定色，冠缀紫标，标以缯为之"；八品以下不得着罗、纨、绮等高级丝绢织物。唐代经济昌盛，文化繁荣，对皇帝、皇后、群臣百官、命妇、士庶等各级各等人士的服饰、佩带诸方面都做了详细的规定，衣冠制度正式确立。

2. 民族性

服饰是人类文化的显性表征，是人类生活和文化的橱窗，在中国这样一个多民族的国家，服饰的民族识别是重要的功能。

3. 审美性

我国素有"衣冠王国"的称号。自夏、商起，开始出现冠服制度，到西周时，已基本完善。战国期间，诸子兴起，思想活跃，服饰日新月异。魏晋时期是历史上经济、政治最为混乱的年代，但在精神上却是极自由解放、最热情的年代。文人意欲进贤又不得，只得自我超脱，除沉迷于酒乐之外，就是在服饰上寻找宣泄，以傲世为荣，故而宽衣大袖，袒胸露臂，披发跣足，以示不拘礼法。隋唐时期，经济繁荣，服饰愈益华丽，形制开放，甚至有袒胸露臂的女服，对美的释放、对美的大胆追求、女子衣装之开放是历代没有的，即使是现代人也为之惊叹不已，望尘莫及。宋明以后，强调封建伦理纲常，服饰渐趋保守。清代末叶，西洋文化东渐，服饰日趋适体、简便。

概括起来，中国古代服饰的审美倾向，主要表现为：商的"威严庄重"、周的"秩序井然"、战国的"清新"、汉的"凝重"、六朝的"清瘦"、唐的"丰满华丽"、宋的"理性美"、元的"粗壮豪放"、明的"敦厚繁丽"、清的"纤巧"。

（三）文明

服饰从它诞生那天起，与御寒相伴而生的还有遮蔽（遮羞）的功能。自我的觉醒、羞耻心的出现，是文明的一种表征。汉语"文明"一词，最早出自《易经》，曰："见龙在田，天下文明。"（《易·乾·文言》）在现代汉语中，文明指一种社会进步状态，与"野蛮"一词相对立。但19世纪前的西方对文明和野蛮的理解却和我们不同。英文中的文明civilization一词源于拉丁文"Civis"，意思是城市的居民，其本质含义为人民生活于城市和社会集团中的能力，后引申为一种先进的社会和文化发展状态。19世纪前的西方人认为生产方式先进、知识丰富就代表文明，而生产能力低下、礼仪不合西方的就是野蛮，所以他们把对非洲和美洲的侵略看成是文明战胜了野蛮。事实上，汉语的文明对行为和举止的要求更高（垂衣裳而天下治，衣冠整而礼仪齐），对知识与技术次之。《朱子童蒙须知》曰"夫童蒙之学，始于衣服冠履"，衣冠是礼仪之始。

文明是使人类脱离野蛮状态的所有社会行为和自然行为构成的集合，即人类所创造的物质财富和精神财富的总和，一般分为物质文明和精神文明。"文明"与"文化"这两个词有含义相近的地方，也有不同。文化指一种存在方式，有文化意味着某种文明，但是没有文化并不意味着"野蛮"。哲学、宗教、艺术萌芽之前，是没有文明史的，只有蛮荒史、原始部落史。新文化运动的倡导者之一胡适说过："文明是一个民族应付他的环境的总成绩。文化是一种文明所形成的生活的方式。"文化大儒梁漱溟也说："生活中呆实的制作品算是文明，生活上抽象的样法是文化。"

1840年鸦片战争后，受辛亥革命废除帝制，以及西方资本主义文化的影响，"剪辫发，易服色"的"衣冠服饰"变革如火如荼，服饰文化进入了"自由形态"时期。

但无论什么样的自由，服饰的文明功能在今天都仍然适用。1975年，举行英联邦橄榄球决赛时，曾出现过一个意外的尴尬场面。一个体型优美的运动员——澳大利亚会计师米歇尔·奥·布瑞恩裸跑着经过球场的看台，让伊丽莎白女王差点晕过去。后来，布瑞恩以"有伤风化罪"被判三个月监禁。

1975年英联邦橄榄球决赛时的裸跑者

文明和礼仪相关，什么场合穿什么衣服，是一个人修养、身份以及与人交往的态度的体现。而穿与不穿，几乎成了判断文明与否的标杆，一直高高矗立在几千年来人类文明史的上空，难以逾越，同时，也成了区分个体生活空间私密或公共的界限。

今天的服饰文化，也是时尚文化的风向标，不仅如此，还大有蔓延之势。2014年，一条美国4岁柴犬Bodhi在网络上的走红，彻底模糊了服饰作为人与动物区别的传统观念。这条"粉丝"超过14万人、月入9万美元的"男装犬模"，成了Coach、Todd Snyder、Salvatore Ferragamo等名牌服装的代言狗。

古老的文身和现代的人体彩绘①，作为一种对"不穿"的挑战，不过是另一种"穿"的艺术，一种对"不穿"的别样遮蔽。

2010年，一袭富有中国元素的"龙袍"，给大家留下了深刻印象。自古以来，服饰的身份地位的"易读性"特征，在今天，通过服饰的质地、颜色、图案、饰物等，把中国文明传播到世界各地。

---

① 在光滑的皮肤上，用植物等颜料做的文身彩绘，具有特殊的美感，被称为一项"与上帝争宠的艺术"。

## 二、中国传统服饰的文化特色

（一）传统服饰的特点

第一，在形制上，传统服饰有两种基本形制，即上衣下裳制和衣裳连属制。两种式样的服装交相使用，兼容并蓄。在整个服饰流变史上，上衣下裳式的服装，妇女穿着较多，使用时期也较长。男子一般多穿上下连属的袍衫。这种服饰形制，在我国中原及甘肃出土的彩陶上的陶绘，已有生动而又形象的描绘。

第二，在装饰纹样上，传统服饰采用最多的往往是动物纹样、植物纹样及几何形纹样。动物纹样常常以代表威仪与吉祥的动物为主，如：龙、凤、虎、豹、麒麟、鹿、鹤等；植物纹样常常以代表人品、富贵、吉祥、美好的植物为主，如：梅、兰、竹、菊、牡丹、莲花等。图案的表现方式，大致经历了抽象、规范和写实等几个阶段。

第三，在服饰的色彩上，受到阴阳五行学说的影响，通常以五种正色为主，间色为辅，富丽堂皇，古朴大方。

（二）传统服饰的文化内涵

1. 和谐统一和儒家思想的影响

"和合"之美是中国传统文化的精髓，也是中国人最基本的思维方式和为人处世之道。"和"是和谐，"合"是融合，人与天地的和谐、融合，是中国人所追求的"天人合一"境界。

统治中国几千年主流文化的儒家思想，其核心是仁和礼，而"礼之用"又以"和为贵"（《论语·学而》），表明礼的最高境界和最高目标，就是创造人与人之间的和谐及全社会的和谐。所以，儒学文化是一种和谐的文化。体现在服饰上，其特别强调封建的伦理纲常，在服饰制度上，十分重视旧有的传统；在服饰色彩上，强调本色；在服饰质地上，主张不应过分豪华，而应简朴。

2. 标示突出和封建礼制的影响

中国历代王朝都对服饰加以礼法的约束，可谓是"贵贱之别，望而知之"。社会风尚中渗透了严格的等级尊卑观念，庶民即使腰缠万贯，按礼法规定，也不得穿不该穿的服饰，不得恃富越分。统治阶级层层维护特权，直接干预各阶层的服饰穿着，由权力的分配决定服饰的分配，服饰超越经济强制渗透社会生活的各个方面。

### 3. 色彩规范和阴阳五行学说的影响

阴阳五行学说是中国古代重要的哲学思想，并对后世有着深远的影响[①]。所谓五行，是指"木、火、水、金、土"五种物质相生相克的运动规律。与之相对应，"青、赤、黑、白、黄"五种颜色被视为正色，并以黄为贵，定为天子朝服的色泽。后来又认为天子作为统一的象征，代表了天下各方的颜色，因而要求天子服装颜色须按季节不同而变换，即孟春穿青色，孟夏穿赤色，季夏穿黄色，孟秋穿白色，孟冬穿黑色，[②]形成礼俗。我国服饰的色彩，与古代五方正色的信仰相结合，构成了传统服饰的底色，代代传袭。如我国服饰冬春两季多穿蓝、黑两色衣服，正是这种古俗的传承。

除了正色以外，又按阴阳之间相生相克的信仰，调配出来间色，介于五色之间，多为平民服饰所采用。

古代中国，几乎每个朝代都有过对服饰颜色的相关规定，如"白衣""绯紫""黄袍""乌纱帽""红顶子"等，都有不同的含义。

### 4. 种类多样的审美观

（1）善于表达形与色的含蓄，朦朦胧胧，藏而不露，隐含寓意，给人以撩拨和审美的感受。

（2）注重精细的艺术手法和工艺表现，大量采用刺绣、飘带、符号和其他装饰手法，表达丰富的想象力，以浪漫主义情调，达到观念主义的效果。

（3）注重气派稳重的氛围效果，服装的整体配合给人以秩序的和谐美感，严肃端庄、美观高雅，能起到烘云衬月之效。

---

[①] 例如与之对应提出的"五德""五常"：仁、义、礼、智、信等等。
[②] 农历一年分十二个月，依次为：孟春、仲春、季春，孟夏、仲夏、季夏，孟秋、仲秋、季秋，孟冬、仲冬、季冬。

（4）注重营造和平统一的气氛。

中国文化注重实际和应用，例如：在外交场合，传统的织锦外套搭配精美的青花瓷色调，就是应用标志性的中国风格对世界的一种无声展示。在衣服纹样上，多采用兰、竹、喜鹊登梅等中国传统图案。衣形可立领镶边，体现整体造型的挺括、清雅、大方、得体。色彩上，用蓝色盘花腰带或蓝花镂空网眼代表和平、宁静，用黄色围巾点缀黑色大衣，体现圆满、庄重，既显时尚，又意喻更深的政治与外交内涵。

中国的服饰文化还能体现中国人自律的伦理道德观和和谐观，如家庭装、亲子装、情侣装中，相互的陪衬和烘托突出了中国传统服饰文化的价值观念是以情意为主线，以家庭人伦关系为中心的主题。裙子、领带、盘扣、镶边领的色彩统一，鞋与包的一致，相映生辉，无不彰显和传达着中国实现人际关系的和谐、求取社会长治久安、维持礼仪之邦的声誉的愿望。

## 三、品传统服饰之美

中国素有"衣冠王国"之称。《尚书正义》注"冕服华章曰华，大国曰夏"，《左传·定公十年》疏："中国有礼仪之大，故称夏；有章服之美，谓之华"。华夏民族在中国服装史上最灿烂的一页是什么？拥有几千年灿烂服饰文化的华夏民族，为什么没有一套当今人们所普遍认可并喜欢的"国服"？什么样的传统服饰最能体现中国人的文化情怀？带着这样的问题，我们来品鉴一下以下几款富有代表性的传统服饰，以期从中得到启示。

（一）汉服与汉朝服饰

2006年端午节，也许是受两会[①]代表呼吁把传统节日列入法定假日提议的影响，一些较早穿汉服过传统端午节的体验者开始见诸报端。首都师范大学的学生在北京甘棠古典研习社的组织下，来到陶然亭公园屈原景区参加纪念伟大爱国诗人屈原的传统仪式，其中的亮点是学生们穿上了汉服。与此同时，上海的一群"白领"青年，也穿着汉服在世纪公园体验了一回

---

① 自1959年以来，历年召开的中华人民共和国全国人民代表大会和中国人民政治协商会议的统称。

传统味十足的端午节,被认为是当时"最时尚的元素"①。由此,把传统节日列入法定假日的方案呼之欲出。2007年底,清明节、端午节、中秋节三个中国传统节日被定为法定节假日,并于2008年开始纳入公休。通过穿汉服过传统节日,以一种平和淡泊的文化心态,踏踏实实地躬身践行,享阖家团圆之欢,行祭拜、纪念礼仪,传承民族精神,让传统习俗逐渐回归,在各地形成一种"小众"的文化现象。

1. 汉服的含义

汉服,是指整个汉民族的传统服饰,"始于黄帝,备于尧舜"(范晔《后汉书·舆服制》),定型于周朝,并在汉朝依据四书五经形成了完备的冠服体系。简言之,上古先秦是"童年记忆",中古汉唐是"青春风采",近古宋明是"成年典范"②。汉服又称汉衣冠、汉装、华服,也指以华夏文化为背景和主导思想、以华夏礼仪文化为中心、具有独特汉民族风格、明显区别于其他民族的传统服装和配饰体系。汉服影响了整个汉文化圈,亚洲国家,如日本、朝鲜、越南、蒙古、不丹等国服饰均具有借鉴汉服的特征。

"汉服"一词最早见于《汉书》:"后数来朝贺,乐汉衣服制度。"这里的"汉"主要是指汉朝,"衣服制度"是指汉朝的服装礼仪制度。汉族旧称汉人,是因中国的汉王朝而得名。华夏部落于汉代形成自称为汉人的文化共同体,汉人传统服饰也就有了相对应的名称"汉服"。因此,汉服最初是其他民族对汉人传统服饰的称呼,进而成为汉人自我认同的文化象征。

汉服包括衣裳、首服、发式、面饰、鞋履、配饰等共同组合的整体衣冠系统,浓缩了华夏文化的纺织、蜡染、夹缬、锦绣等杰出工艺和美学,传承了30多项中国非物质文化遗产,体现了"锦绣中华""衣冠上国""礼仪之邦"的美誉。

---

① 《上海白领穿汉服 传统过端午》,http://news.163.com/06/0503/13/2IC19ttEK00011229.html,访问日期:2017年8月12日。

② 百度百科—V百科,访问日期:2017年8月1日。

汉服的形制主要有"深衣"制（把上衣下裳缝连起来）、"上衣下裳"制（上衣和下裳分开）、襦（即短衣）裙制、衣裤制、通裁等类型。按长度来分，汉服又有襦、裋、深衣三种长度。其中，深衣是最典型、最具民族特色和文化特色的服饰。上衣下裳的冕服朝服为帝王百官最隆重正式的礼服；袍服（深衣）为百官及士人常服；襦裙则为妇女喜爱的穿着，"三面梳头，两截穿衣"成了对传统女子的服饰特点的描述；普通劳动人民一般上身着短衣，下穿长裤。

汉服的款式以交领（兼有圆领、直领）右衽为主要特点，无口、系带，宽衣大袖，线条柔美流动，飘逸灵动。一套完整的汉服通常有三层：小衣（内衣）、中衣、大衣。穿几件衣服，每层领子必露于外，有的多达三层以上，时称"三重衣"。而交领右衽是贯穿始终的灵魂所在。

汉服·深衣艺术造型

## 2. 汉代着衣的特点

汉朝服饰制度，是指至东汉明帝时，参照三代[①]和秦的服饰制度确立的以冠帽为区分等级主要标志的汉代冠服制度。

---

[①] 对中国历史上夏、商、周三个朝代的合称。最早见于春秋时期的《论语·卫灵公》："斯民也，三代之所以直道而行也。"

汉代时，中国建于西周时的服装制度已经基本成熟，服装已形成民族特色。男女服装沿袭深衣形式。男子以袍为主，武官与重体力劳动者袍身略短，文人则袍及脚踝。女子穿袍，也穿深衣，其中以绕襟深衣为代表。

（1）蝉冠朱衣、玉佩朱履。

汉代缫纺蚕丝技术、染织工艺、刺绣工艺和金属工艺发展较快，推动了服装装饰的变化。明代文震亨《长物志·衣饰》中曾写："至于蝉冠朱衣，方心曲领①，玉佩朱履之为'汉服'也。幞头大袍之为'隋服'也。"汉代服饰色彩的鲜艳和材质的轻薄讲究跃然纸上。而汉代侍从官所戴之冠，亦称貂蝉冠（上有蝉②饰，并插貂尾）。唐代钱起《中书王舍人辋川旧居》诗中"一从解蕙带，三入偶蝉冠"，宋代苏辙《代三省祭司马丞相文》中"龙衮蝉冠，遂以往襚"等都有记载。而朱衣、朱履都是指古代绯色的公服。

（2）领型暴露、白色做里。

汉代服饰在整体上呈现凝重、典雅的风格。衣领部分很有特色，通常用交领，领口很低，以便露出里衣。穿外衣时，由于领大而且弯曲，必然暴露中衣的领型。

西汉禅衣内有中衣、深衣，穿衣用白色面料做里，但也有例外。

1972～1974年，先后在长沙市区东郊浏阳河旁的马王堆乡挖掘出土了3座汉墓，其中一号墓有大量丝织品，保存完好。有一件素纱禅衣，轻若烟雾，薄如蝉翼，用纱料制成，无颜色，没有衬里，衣长1.28米，有长袖，重量仅49克。如果除去袖口和领口较重的边缘，重量只有25克左右，折叠后甚至可以放入火柴盒中，是世界上最轻的素纱禅衣和最早的印花织物，代表了西汉初养蚕、缫丝、织造工艺的最高水平。此衣的出土，再现了"衣锦褧衣，裳锦褧裳"（《诗经·郑风·丰》）、"应似天台山上月明前，四十五尺瀑布泉。中有文章又奇绝，地铺白烟花簇雪"（唐代白居

---

① 一种上圆下方、套在项上的锁形装饰，用来防止衣领臃起，起压贴的作用，有天圆地方的寓意。

② 古代薄型丝织物绸的一种，也有品行高洁的寓意。"自疏濯淖污泥之中，蝉蜕于浊秽。""绨络缣练素帛蝉。"

易《缭绫》)的华美与尊贵。现代专家曾耗费了13年心血,才成功复制出49.5克的仿真素纱禅衣。

(3) 衫无袖。

汉代服饰主要有袍、襜褕(直身的单衣)、襦、裙。其中,襜褕初见于汉代,是一种无袖头的开衩上衣,即无袖单衣,也叫半衣。是春秋季节上衣的一种,男女都穿。衫以内外分,外用的叫"裯子""半臂","裯子"是有里子的对襟夹外衣,用于挡风尘。"半臂"又叫"半袖",袖长及肘,衣身很短。

(4) 宽衣广袖。

古人擅着宽衣广袖,以宽大的服装实现放任身体随意舒展的特性。汉代衣袖口宽大,有一尺二寸,下摆通长为腰围的两倍,一丈四尺四寸,显示出雍容大度、典雅、庄重、飘逸灵动的风采。标准样式是圆袂收袪。"袂"指袖子,其造型在整个世界民族服装史中都比较独特,其中的圆袂代表"天圆地方"中的"天圆"。袖宽且长是礼服袖型的一个显著特点。

据汉代伶玄《赵飞燕外传》载:成帝于太液池作千人舟,号合宫之舟,后歌舞《归风》《送远》之曲,侍郎冯无方吹笙以倚后歌。中流,歌酣,风大起。后扬袖曰:"仙乎,仙乎,去故而就新,宁忘怀乎?"帝令无方持后裙。风止,裙为之绉。故有广袖留仙一说,"留仙裙"①也成了汉朝妇女最有名的"流行服"。清代余怀《板桥杂记·丽品》:"留仙裙,石华广袖,衣被粲然。"清代龚自珍《江城子·自题〈羽陵春晚〉画册改〈隔溪梅令〉之作》词:"留仙裙褶晚来松,落花风,去匆匆。"

(5) 腰间配饰。

腰是人体的重要部位,处于身体中段,是权力、制衡的重要象征。因褒衣博带的着装风格,让古人在腰带的装饰上可以大动一番脑筋。

汉代具有完备的印绶制。在袍服外要佩挂组绶,组是官印上的绦带,绶是用彩丝织成的长条形饰物,盖住装印的鞶囊或系于腹前及腰侧,故称

---

① 有皱褶的裙。也有赵飞燕起舞遇大风,风吹裙皱,宫女效仿的典故。张炎《疏影》:"回首当年汉舞,怕飞去漫皱,留仙裙褶。"

印绶。汉代腰带极为考究，所用带钩以金制成各种形状，如螳螂形或琵琶形，形象十分生动有趣。一般长度在一寸半至六寸之间，是衣裳中间显要的装饰物。汉代钩从形、色到工艺都达到了极高的水平，较之西周和战国时期，在设计和制作方面都要精美得多，因此颇受男子喜爱，佩戴者很多。同时，男子仍保持佩刀习俗，但所佩之刀有形无刃，因此失去了实际价值，主要是显示仪容。

（6）独特的绕襟深衣。

深衣有直裾和曲裾两种。曲裾的出现，与汉族衣冠最初没有连裆的罩裤有关，下摆有了这样几重保护就合理、合礼得多，因此，曲裾深衣在未发明裤的先秦至汉代较为流行。开始男女均可穿着。男子曲裾的下摆比较宽大，以便于行走；而女子的则稍显紧窄，从出土的战国、汉代壁画和俑人来看，很多女子曲裾下摆都呈现出"喇叭花"的样式。慢慢地，男子曲裾越来越少，曲裾作为女子衣装保留的时间相对长一些。直到东汉末至魏晋，女子深衣式微，襦裙始兴，曲裾深衣自然也几乎销声匿迹。后来漫漫的历史长河中，大行其道的女服则是襦裙。

西汉男子深衣外衣领口展宽至肩部，右衽直裾，前襟下垂及地，为方便活动，后襟自膝盖以下作梯形挖缺，使两侧襟成燕尾状。

曲裾深衣的特点是"续衽钩边"①，后片衣襟接长，加长后的衣襟形成三角，经过背后再绕至前襟，然后腰部缚以大带，可遮住三角衽片的末梢。

西汉女子直裾深衣和曲裾深衣的裁剪已经不同于战国深衣。湖南长沙马王堆一号汉墓出土的帛画上绘有汉代妇女的曲裾绕襟深衣。绕襟深衣，通身紧窄，衣袖有宽窄两式，长可曳地，行不露足，衣服几经转折，绕至臀部，然后用绸带系束，形成婀娜多姿、别有风韵的汉代鱼尾式"三绕膝"。

---

① "衽"是衣襟，"续衽"就是将衣襟接长。"钩边"是形容绕襟的样式。

绕襟深衣

3. 深衣制及其文化内涵

深衣起源于虞朝的先王有虞氏,把衣、裳连在一起包住身子,分开裁剪,但是上下缝合,因"被体深邃"而得名。其特点是使身体深藏不露,雍容典雅。深衣,是汉代以来的女性大礼服,亦俗称"袍服"。汉代以来的朝服绛纱袍属深衣制,唐代朝服、祭服的中衣为深衣。

深衣作为华夏民族传承时间最久的传统服饰之一,其典籍基础来源悠久,最早见载于《礼记》,《深衣》是《礼记》的第三十九篇。郑玄《礼记目录》曰:"名曰《深衣》者,以其记深衣之制也。"从东汉经学家郑玄始至当代学者,历来诸家对深衣聚讼不已,历代儒家学者但凡学有所成者,都对研究深衣形制十分有兴趣,历代经学家都有其见解和研究成果。其中比较出名的,有宋代大学者司马光的"温公深衣"(司马光册爵为温国公),宋代理学大家朱熹研究的"朱子深衣",明代黄宗羲的"黄梨洲深衣",清代学者江永的《深衣考误》和任大椿的《深衣释例》[1]中亦有他们对深衣的全面见解。

---

[1] 有不少研究者认为他们两位的研究成果是目前最博采众长、考证精审的,但受限于清代统治者的压制,两位并无制衣实践的机会。

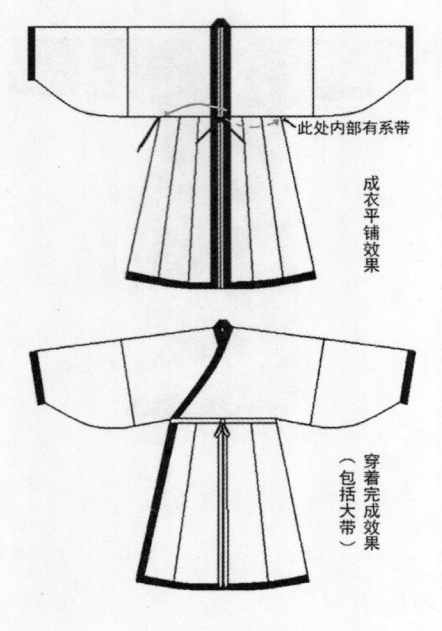

朱子深衣图

（图中标注：此处内部有系带；成衣平铺效果；穿着完成效果（包括大带））

深衣是最能体现华夏文化精神的服饰。现代人文学者建议将深衣作为中华地区的汉服来推广，作为汉族文化的代表。2007年，百名学者倡议将汉服作为北京奥运会的礼仪服装，倡议在奥运会入场式、闭幕式上身穿深衣，司仪及礼仪人员等也身穿深衣，或者至少有深衣方阵，用传统服饰实现"世界给中国十六天，中国应还给世界五千年"的愿望。

深衣的形制必须符合"规、矩、绳、权衡"，受儒、道、墨、法等诸家哲学思想的影响，有着强烈的法天思想，蕴含了很多伦理道德观念，追求平和自然、与世无争、宽厚仁爱的境界和天人合一、飘逸洒脱的风格，具有随和、包容的气度。如：衣袖呈圆弧状以应规，交领处成矩形以应方，代表了做人要有规矩；衣带下垂很长，一直到脚踝，代表正直；下襟与地面齐平，代表权衡；等等。深衣不仅是一件御寒裹体的衣服和一种追求美丽的装饰，更是华夏文化的重要载体之一，象征了中华文化天人合一、恢宏大度、公平正直、包容万物的东方美德。身穿深衣能体现天道之圆融，怀抱地道之方正，身合人间之正道，行动进退合乎权衡规矩，生活起居顺应四时之序。

深衣的结构内涵：

（1）袖口宽大，象征天道圆融。

（2）领口直角相交，象征地道方正。

（3）背后一条直缝贯通上下，象征人道正直。

（4）腰系大带，象征权衡。

（5）分上衣、下裳两部分，象征两仪。

（6）上衣用布四幅，象征一年四季。

（7）下裳用布十二幅，象征一年十二个月。

（二）唐装与唐朝服饰

1. 唐装

唐装来源于国外的"唐人街"（海外华人聚居区），是一个外来词，在现代社会"中西服装并行不悖"的社会大背景下，海外华人以及粤、港、澳一带同胞以"唐装""西装"来区别中西打扮，唐装成了中式服装的通称。用"唐人"作为海外华人的称谓，可见盛世唐朝的声誉在海外的影响之大。《明史·外国真腊传》言："唐人者，诸番呼华人之称也。凡海外诸国尽然。"2001年的上海APEC会议上，中国作为东道主请前来参会的亚洲及太平洋经济体的领导人穿"唐装"，由此又掀起了一股"新唐装"热。

唐装其实是一种西式裁剪的满族服饰，是清代马褂的衍生品，它吸取了清朝服装具有的款式和面料特点，并采用了西式服装立体式剪裁。"新唐装"在款式和搭配上还做了很多改良，比如连袖、收腰、换面料等，并可以和现代服饰进行适当搭配，使唐装得以走出礼仪服装、节日服装的小空间，扩展到日常生活以及工作场合。其款式结构有四大特点：立领、连袖、对襟、直角扣。

2. 唐朝服饰

唐朝服饰主要指唐代汉服、胡服。唐代服饰最明显的特点是双轨制，在大的祭祀场合，穿汉服；在平时，唐代的常服是胡服系统。

唐朝服饰处于中国古代服装的全盛时期，政治的稳定、经济的发达、生产和纺织技术的进步、对外交往的频繁、世风的开放及妇女所受束缚较少等，促使服饰空前繁荣，服装款式、色彩、图案等都呈现出前所未有的崭新局面。唐代开始，工艺装饰普遍使用花卉图案，其构图活泼自由、疏密匀称、丰满圆润，盛行波状的连续纹样与花草相结合的缠枝图案，改变了以往那种天赋神授的创作思想，用真实的花、草、鱼、虫进行写生，如唐诗所描述，"藕丝衫子藕丝裙""折腰多舞郁金裙""新帖绣罗襦，双双金鹧鸪""罗衫叶叶绣重重，金凤银鹅各一丛"等。受域外少数民族风气的影响，对异国衣冠服饰的兼收并蓄，使唐朝服饰更加光彩照人。时至今日，东亚地区的一些国家，仍把唐朝时期的服饰作为正式的礼服。

（1）女装特点。

唐代女性地位得到提高，她们所受到的封建礼教的束缚和压迫较少，较为自由，形成了唐代女性旷达、奔放、勇敢、活泼的精神面貌，以及独特的行为风格、思想观念。一些史学家认为唐代妇女是"中国妇女中比较幸运的一群"，因此，唐代妇女的服装在中国服装史上也是独一无二的。唐朝时期的女子服饰，可谓中国服装中最为精彩的篇章，其冠服之丰美华丽、颜色之绚丽争艳、妆饰之奇异纷繁，成为唐文化的重要标志之一。

唐制规定，女服分四种：朝服、公服、祭服、常服。前三种为后妃、命妇、女官于朝会、祭祀等正式场合穿着的大、小礼服，后者为日常穿着。唐代女子常服，基本上是上身是衫、襦，下身束裙，肩加披帛。其衣裙颜色丰富多彩，以红、绿、紫、黄色最为流行，尤以红裙为佼佼者，如时人所云"眉黛夺得萱草色，红裙妒杀石榴花"，可以想象盛唐时期遍地榴花染舞裙的景象。同时，裙裾飘动的景象又好比"冲天香阵透长安，满城尽带黄金甲"般的艳丽。

初唐时期，唐代的汉服是传统的襦裙装，基本上沿袭了自东汉以来华夏妇女传统的上衣下裳制。但是，有所不同的是裙腰提高，一般都在腰部以上，有的甚至系在腋下，给人一种俏丽修长的感觉。常见高腰襦裙、齐胸襦裙、交领襦裙。襦裙服主要是上衣为短襦服，下裳为长裙配披帛，短襦长裙是最基本的形式，足蹬凤头丝履或精编草履。唐初女子衣衫小袖窄衣，外加半臂，肩绕披帛，紧身长裙上束至胸，风格简约。

盛唐时期，流行袒胸①大袖衫襦，为贵族妇女的服装，特点是不着内衣，以大带系结。大袖衫襦的对襟，以纱罗等轻薄制品为面料，即"罗薄透凝脂"。周濆《逢邻女》云"日高邻女笑相逢，慢束罗裙半露胸。莫向秋池照绿水，参差羞杀白芙蓉""胸前如雪脸如花""长留白雪占胸前""粉胸半掩疑暗雪""坐时衣带萦纤草，行即裙裾扫落梅"等诗句都是对此装束的描写。襦裙以露为美，反映了唐代妇女反叛传统、追求自由的性格。

盛唐时期，女装除了流行袒胸大袖衫襦外，同时还出现了另一种与之相反的着装风格，即：衣胡服、着男装。这一现象极具特点，值得关注。当时丝绸之路的骆驼商队络绎不绝，西北少数民族匈奴、契丹、回鹘与中原交往甚多。西北少数民族多以游牧、捕猎为生，其服饰特征多为短衣、左衽，腰间系革带，下着长裤和革靴，衣身紧窄，便于活动，史称"胡服"。这种游牧民族服饰给唐代服饰带来了极大的影响，并在妇女中迅速流行乃至成为一种时尚。唐代"胡服"，不仅包括西北少数民族服饰，还包括流行于西域地区的印度、波斯、阿拉伯、伊朗等国的外来服饰，唐代妇女"女为胡妇学胡妆"，进而着男装，实在是大胆、开放、自由的另一种象征。

从出土文物来看，唐代妇女穿的胡服多为锦绣帽、窄袖袍，袖口、领子、衣襟大多有一道宽锦边。胡服中的幂篱有两种形制：一种为大幅方巾，用轻薄透明的纱罗制成，全身披裹，遮盖全身；一种以衣帽相连，为类似斗篷一类的装束。《新唐书·车服》记载"初，妇女施幂篱以蔽身，永徽中，始用帷帽"，帷帽是一种高顶宽檐、檐下垂一个丝网的帽子。废幂篱兴帷帽，反映了唐代妇女摆脱束缚、追求自然的思想。到武则天时，不论宫女还是民妇，骑马外出多戴帷帽。真可谓"帷帽大行，幂篱渐息"（《旧唐书·舆服志》）。

唐代妇女无华夷之别的观念，受胡服男女同装的启发，女着男装，"著丈夫靴衫便帽"（《旧唐书·舆服志》），女人们纷纷穿起男式圆领服，

---

① 袒露颈部、胸部的襦裙，但不准露出肩膀和后背，也称为袒胸装。

头裹幞头,足蹬乌皮靴。唐代胡服,前期特征主要是头戴浑脱帽,身着圆领或翻领小袖衣衫、条纹卷口裤,足蹬透空软底锦靿靴,出行骑马必戴帷帽。后期则如白居易《新乐府》所咏"时世妆"形容,特征为乌蛮椎髻,眉做八字低,脸敷黄粉,唇注乌膏。唐朝服饰女着男装在中国长期封建社会中,是较为罕见的现象。《礼记·内则》曾规定:"男女不通衣服。"着男装是唐代妇女对男性文化的挑战,也是盛唐帝国妇女开放、健美的精神风貌的体现。

中晚唐时期,服装中加强了华夏的传统审美观念,开始复古,从以显出女子身材为主逐步恢复到秦汉那种宽衣大袖、飘逸如仙的风格。服装整体宽松随体肥大,柔和自然,无形无欲,并影响到后期华夏女装的基本理念。中晚唐女装华丽大气,一般类似于礼服,里面直接穿抹胸,并使抹胸和裙子结合形成一体,不系腰带,宽松自然。在襦裙外面直接套上罩衫,罩衫一般都很华丽,基本上都是拖摆至地,有的袖阔四尺,裾曳地达五尺,衣摆的长短决定着妇女的身份地位。罩衫一般都是广袖的,唐代的广袖基本呈方片形。礼服层数繁多,层层压叠,拖摆厚重,虽然烦琐,却给人稳重的感觉,富有层次感。另外还有一种晚唐时期的礼服,为宫廷命妇所着,穿着这种礼服,发上还簪有金翠花钿,被称为钗钿礼服[1]。

(2)男装特点。

唐代男子服饰,在延续传统的交领、对襟汉服的基础上,多了新的款式。有公服、圆领袍、半臂等,装饰有幞头、巾子、鹖冠、革带等。"幞头纱帽"和"圆领袍衫"是唐代男子最主要的服饰。

"幞头"是一种包头用的黑色布帛。唐代是"幞头"盛行的时代,以幞头袍衫为尚。幞头又称袱头,是在汉魏幅巾基础上形成的一种首服。"幞头"的样式富于变化,尤其是在唐武德初年至开元年间这100多年的时间里,"幞头"的形制经历过几次较大的变化。唐代,人们在幞头里面增加了一个固定的饰物,名为"巾子"。巾子的形状各个时期有所不同。除巾子

---

[1] 沈从文《中国服饰史》有记载,但缺乏考证,仅出现在唐代的史书和礼书中,鲜有实物传世。

外，幞头的两脚也有许多变化，到了晚唐五代，已由原来的软脚改变成左右各一的硬脚。

唐代的男子服装主要是圆领袍衫。传统的冠冕衣裳，只是在隆重的场合，如祭天地、祀宗庙等时偶尔用之，其他则以"幞头袍衫"为尚。袍服的用途非常广泛，上至帝王，下至百官，礼见宴会均可穿着，甚至将其用作朝服。袍服的款式，各个时期不尽相同，早期袍服的袖子多用大袖，但大袖对域外的民族来说，则不太适宜。因北地寒冷，不便采用大袖，而采取紧裹双臂的窄袖。随着南北风俗习惯的相互渗透，这种紧身、窄袖的袍服样式，也被汉族人民所接受，而且成为唐代袍服款式的代表。

圆领（亦称团领）袍，是唐代最典型的胡服，也是最具代表性的唐代男装。缺胯袍是在鲜卑旧式外衣的基础上参照西域胡服改革而成的一种北朝服装，圆领衣侧开衩，衩口最初较低，后渐高，直抵胯部，故称为缺胯。圆领袍是圆领子的窄袖袍，是唐代无阶级、无性别之分的一种服装。受汉人的衣冠制度影响，胡人的左衽换成了右衽。

半臂，又称半袖，是从魏晋以来上襦发展而出的一种对襟（或套头）短外衣，它的特征是袖长及肘、身长及腰，通常套在衫襦之外。隋唐时期，半臂有对襟、套头、翻领或无领式样，对襟的以小带子当胸结住，流行于隋代宫廷内，先为宫中内官、女史所服。在初唐，半臂更为普及，不仅男女都可以穿用，而且进入宫廷常服的行列，同时传至民间。

（三）（清代）旗装与（民国）旗袍

1. 旗装

旗装，因旗人而命名。清代满族人民基本都生活在八旗制度之下，而旗装也是满族绵延至今的民族服饰。旗人是由不同民族共同组成的，以满族、蒙古族、汉族为主，除此之外，还有鄂温克族、达斡尔族、锡伯族、朝鲜族及一些维吾尔族、俄罗斯族等。旗人是清太祖努尔哈赤1593年统一建州诸部，建立八旗制度后，八旗中的人对自己的简称。旗人大多生活在草原上，善战、善骑马射箭。八旗是兵民合一的组织，原则上所有成年男丁都是士兵或预备兵，战争紧张时甚至妇女也要承担农耕、战争的后勤保障等事务。

因此，清代旗装的裁制一直采用直线，胸、肩、腰、臀完全平直，衣身宽松，下摆不开衩，胸腰围度与衣裙的尺寸比例较为接近，使女性身体的曲线毫不外露。旗装色彩鲜艳复杂，用料花色品种多样，喜用对比度高的色彩搭配。其中黄色是皇家独尊之色，民众忌用。在领口、袖头和腋襟上有大量盘滚装饰。旗装是一种平面服饰，盘滚成为旗装除面料外的唯一设计空间，因而以多盘滚为美。清末曾时兴过"十八镶"（即镶十八道花边）。清代旗装纹样多以写生手法为主，龙狮麒麟百兽、凤凰仙鹤百鸟、梅兰竹菊百花，以及八宝、八仙、福禄寿喜等都是常用题材。

2. 旗袍

（1）概念及起源的争议。

旗袍，是中国和世界华人女性的传统服装，被誉为中国国粹和女性国服。其概念的界定和起源至今仍众说纷纭，但从其式样和名称上来讲，旗袍应是由清代"旗人之袍"或"旗女之袍"演变而来，并在民国通过改良后普遍穿着的女性服装。[①]有部分学者认为其源头可以追溯到先秦两汉时期的深衣，[②]但旗袍在20世纪20年代之后成为最普遍的女子服装却是不争的事实。1929年，旗袍被中华民国政府确定为国家礼服之一。[③]1984年，国务院指定旗袍为女性外交人员礼服。自1990年北京亚运会起，历次大型运动会以及国际会议、博览会等多选择旗袍作为礼仪服装。2011年5月23日，旗袍手工制作工艺成为国务院批准公布的第三批国家级非物质文化遗产之一。2014年11月，在北京举行的第22届APEC会议上，中国政府选择旗袍作为与会各国领导人夫人的服装。

关于旗袍的样式起源，在学术界主要观点有四种：

---

① 此定义为本书作者观点。与周锡保先生《中国古代服饰史》所认为的"旗袍即是从清代旗女的袍服直接发展而来"的观点接近。

② 王宇清：《历代妇女袍服考实》，中国祺袍研究会，1975；包铭新等编著：《中国旗袍》，上海文化出版社1998年版，第5页。

③ 辽宁省档案馆：《中国近代社会生活档案（东北卷一）·政府训令字第二六零号国民服制条例》，第484～492页。

第一种以周锡保先生《中国古代服饰史》为代表，认为旗袍即是从清代旗女的袍服直接发展而来。

第二种以袁杰英教授《中国旗袍》以及包铭新教授《中国旗袍》《近代中国女装实录》为代表，认为旗袍和旗装有一定继承关系，但认为旗袍的源头应是西周麻布窄形筒装或先秦两汉的深衣。

第三种以王宇清《历代妇女袍服考实》为代表，认为中国妇女所穿的袍，远溯周、秦、汉、唐、宋、明代，并不是只有清代旗女才穿袍服。旗女之袍对民国旗袍有影响，但没有直接继承关系，因此，他倡导旗袍改名为"祺袍"，并把"台北旗袍研究会"改名为"台北祺袍研究会"。多年以来，台湾服装界人士一直呼吁为"祺袍正名"。

第四种以下向阳教授《论旗袍的流行起源》为代表，认为旗袍是中国服装传统的西化变异，融合了旗袍马甲和文明新装的特点，同时又结合了西式裙装的配搭形式，构成了既有西方流行的影子而又不同于中国的传统袍服，具有鲜明中国特色和时代象征的新时尚流行和服装审美的特点，是中西服饰交融的设计典范。

民国"旗袍"的称呼之所以流行开来，是因为汉族女装依然保留传统的"上衣下裳"制，除了贵族命妇礼服外，寻常女子一般不穿袍服，而旗女不论贵族女性礼服还是寻常女子的日常服饰却都是袍服。1926年2月27日上海《民国日报》有短文《袍而不旗》，提议改称"中华袍"。

《辞海》的注解为："旗袍，原为清满洲旗人妇女所穿的一种服装。无领、箭袖（马蹄袖）、左衽、束腰为其特点。下摆不开衩，衣袖八寸至一尺。衣边绣有彩绿。辛亥革命后，汉族妇女也普遍采用，经过不断改进，一般式样为：直领，右开大襟，紧腰身，衣长至膝下，两侧开衩。有长、短袖之分。"

（2）旗袍的前世——民国旗袍。

鸦片战争后，许多沿海大城市，比如上海，因华洋杂居，得西洋风气之先，服饰开始发生潜在的变革。风行于20世纪20年代的民国旗袍，即是中国传统袍服吸收西洋服装式样，不断改进而定型的。

从 20 世纪 20 年代至 40 年代末，旗袍款式几经变化，如领子的高低、袖子的短长、开衩的高矮，使旗袍彻底摆脱了老式样，改变了中国妇女长期束胸裹臂的旧貌，让女性体态和曲线美充分显示出来。青布旗袍是当时最为流行的女学生装，几乎成为 20 年代后期中国新女性的典型装扮。自 30 年代起，旗袍几乎成了中国妇女的标准服装，甚至还传至国外。

林徽因·青布旗袍 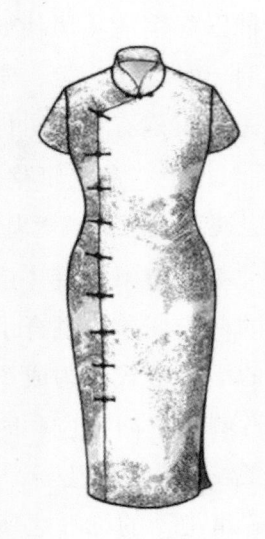　　　　　　直襟旗袍

30 年代和 40 年代是旗袍的黄金时代，也是近代中国女装最为光辉灿烂的时期。这时的旗袍造型纤长，与当时欧洲流行的女装廓形相吻合。是时旗袍已经完全跳出了旗女之袍的局限，完全是一个"中西合璧"的新服式。旗袍的局部被西化，在领、袖处采用西式处理，如用荷叶领、西式翻领、荷叶袖等，或用左右开襟的双襟。

清代旗装不开衩，出现旗袍后，旗袍在缩短袖子时也悄悄在左边开低衩。后来衩越开越高渐渐及膝部高到大腿。由于有人反对，袍衩一度回到膝盖以下。但舆论压力一减小，袍衩又迅速升高，1933 年后流行大开衩旗袍。传统旗袍是上下一条直线，外加高高的硬领。30 年代初期，袍腰开始日积月累地收缩，到 1934 年后，女性身材的曲线终于全部显露出来。高耸及耳的领子也逐渐变矮，后来有的成了无领旗袍。早在 1933 年，中国旗袍就曾在芝加哥世博会上获银奖。

（3）旗袍的今生——走向世界。

自20世纪60年代开始被冷落的旗袍，至20世纪90年代开始复兴，在文化名流、政界要人、演艺明星的带动下，沉寂一时的旗袍逐渐被推向了世界。法国著名服装设计大师皮尔·卡丹曾说："在我的晚装设计中，有很大一部分作品的灵感来自中国的旗袍。"

2008北京奥运会开幕式上，瑞典女运动员出场服装选用的是中国旗袍式样，超过10位各国奥运冠军要求做一件中国礼服——旗袍用于自己的婚礼。

2014年3月，中国旗袍会成立，名誉会长为彭丽媛。

（4）旗袍的特点。

在清初，旗袍的特点主要是：无领、箭袖、右衽、四开衩、束腰。旗袍可长可短、可单可夹，可做衬绒短袍、丝绵旗袍等，随着选料的不同，可展现出不同风格。花色选用小花、素格、细条丝绸等，具有线条简便、优美大方、老少宜穿、四季相宜、雅俗共赏的优势，能显示出温和、稳重的传统东方女性风韵，起到烘云托月的作用。

（四）中山装

中山装是在广泛吸收欧美服饰特征的基础上，综合了日式学生服装与中式服装的特点设计出的一种直翻领有袋盖的四贴袋服装，以孙中山的名字命名。这种服装及其衍生的变化服装，成为20世纪80年代以前中国民众的主要服装样式，是2007年展出的影响世界的十大套装[①]之一，一度成为当时中国男子最喜欢的标准服装之一。

时至今日，中山装更多代表的是中国共和与宪法精神。2016年2月，民革中央在向全国政协十二届四次会议提交的提案中，建议将中山装作为国家正式礼服。

中山装的基本特点是简便、舒适、挺括。基本形制为关闭式八字形领

---

① 中山装、阿玛尼套装、男装女穿、白色套装、战时法兰绒套装、披头士套装、"流浪汉"套装、灰色套装、阻特装、嬉皮套装。

口，装袖，前门襟正中五粒明纽扣，后背整块无缝。其文化内涵及具体结构是：

影响世界的十大套装（部分）

（1）依据国之四维（礼、义、廉、耻）而确定上衣前身设四个口袋。

（2）依据国民党区别于西方国家三权分立的五权分立（立法、行政、司法、考试、监察）而确定前门襟为五粒纽扣。

（3）依据三民主义（民族、民权、民生）确定袖口必须有三粒扣子。袖口可开衩钉扣，也可开假衩钉装饰扣，或不开衩不用扣。

（4）明口袋，左右上下对称，有盖，钉扣，上面两个小衣袋为平贴袋，底角呈圆弧形，袋盖中间弧形尖出，下面两个大口袋是老虎袋（边缘悬出一点五至两厘米）。

（5）裤有三个口袋（两个侧裤袋和一个带盖的后口袋），挽裤脚。

（6）整体廓形呈垫肩收腰状，均衡对称，穿着稳重大方。

服饰作为人类文明与进步的象征，同时也是一个国家、民族文化艺术的组成部分，因此一个民族的服饰应随着民族文化的延续发展而不断发展，它不仅要具体地反映人们的生活形式和生活水平，而且要形象地体现人们的思想意识和审美观念的变化和升华。在具有几千年灿烂服饰文化的"衣冠王国"，我们有条件也有必要用服饰这种文化符号，让几千年的中国文化世代传承，把中国文化的精髓传向世界。今天，我们面临的一个问题就是：应该以什么样的服饰作为国服（华夏民族的礼服）？

中国的服饰一开始就伴随着中华民族的文化诞生和发展，从上古至封建社会灭亡，中国服饰在几千年的演变过程中，以长袍服饰为主，以高领阔袖、长衣拖地以及直线正裁法和交领等为特征，兼收并蓄，展现了不同时代既独具特色又一脉相承的文化特色。

深衣、唐装、旗袍、中山装都曾有过被推为国服的举措或争论，至今仍在继续。无论哪一款式，都有一个共同点：既有深厚的中国文化根基，又有深远的世界影响。因此，以什么样的服饰作为国服，可以参考以下几个条件：

第一，应该是与我们民族悠久的历史文化持久相伴的服饰，而不是某个时代所流行的服饰；

第二，应该是最能体现华夏文化内涵的服饰，而不是只求华美的时装；

第三，应该是代表华夏民族整体形象的服饰，而不是某个群体形象的服饰；

第四，应该是具有华夏民族独特风格的服饰，而不是各民族乃至世界各国服饰的拼凑组合。

品衣，是对中国悠久灿烂的服饰文化的回味和评鉴，是中国人的一种文化情怀。在品的过程中，重要的不是找寻古韵古味，一味推崇形式上的完全复古，而是吸收服饰文化中所渗透的精神理念。尤其是在当今社会生活中，与世界相处、与自然相处、与自我身心相处的态度，应该是经过几千年的锤炼，仍有着人类智慧的光辉。用这样的光辉可以照亮今天以及未来人类应有的精神家园，释放人之所以生而为人的美。

# 第二章 味"道"

货者，财也，指商品、财物，古代就有替代人的称呼的作用。但在古人那里，"货"指人时，往往带着一番贬义。1991年，电视剧《编辑部的故事》中，在一群文人去吃丰收的萝卜时提及"吃货"一词。2012年，随着央视推出的美食专题纪录片《舌尖上的中国》走红，"吃货"流行。2013年，网络上陆续推出了全国各地、各种版本的吃货地图。"吃货"一词，变成了美食爱好者们戏谑、亲切、时髦的自称和互称。

风靡一时的纪录片《舌尖上的中国》

吃货是味蕾的释放者和享受者，是味觉至上者，其中蕴含和渗透的是过程和结果完美结合的一种情趣和体会，这也是中国饮食文化延绵至今的新的衍生符号。

中国食文化的本质就是中国人自己在烹饪中调制出的味之道。这个"道"主要包括：烹饪之道、调和之道、做人之道、四时之道、治国之道。

## 一、中国食文化的缘起和继承

中国饮食文化绵延170多年，分为生食、熟食、自然烹饪、科学烹饪4个发展阶段，推出6万多种传统菜点、2万多种工业食品、五光十色的筵宴和流光溢彩的风味流派，有"烹饪王国"的美誉。

大凡中国人都知道"民以食为天"的道理。《汉书·郦生陆贾列传》："王者以民人为天，而民人以食为天。"易经八卦认为：两根筷子，二数先天卦[①]为兑。兑，为口，为吃。筷形直长，为巽卦。巽，为木、为入。组合在一起，就是用筷子吃东西。入口的是筷头。筷头圆，为乾卦，乾为天，故而称"民以食为天"。

据史书记载，距今约5万年时，燧人氏发明了"钻木取火"，继而又发明了"燧石取火"。人工取火使得人们告别了茹毛饮血的时代，开始进入石烹、熟食时代，从而使"食"具有了人为的特征、超越自然的特征，也就是文化的特征。著名史学家郭沫若先生主编的《中国史稿》中说："人工取火的发明，对于远古人类的生活无疑起了极为重大的作用，引起后人极大的重视……这样的传说固然夹杂着后代的生活内容，蒙上了神秘的外衣，但它依然反映着朴素的远古人类生活的史实背景。"赵朴初先生曾作诗道："燧人取火非常业，世界从此日日新。"恩格斯说："就世界的解放作用而言，摩擦生火还是超过了蒸汽机。因为摩擦生火第一次使得人支配了一种自然力，从而最后与动物界分开。"

距今约5000年时，神农氏带领人们"耕而陶"，第一次拥有了炊具和容器。黄帝作灶，[②]始为灶神，集中火力节省燃料，使食物速熟，并在秦汉

---

[①] 传说由伏羲氏观物取象所作，卦序是：一乾、二兑、三离、四震、五巽、六坎、七艮、八坤。

[②]《淮南子·氾论训》曰："炎帝于火，而死为灶。"《事物原会》（清代汪汲）称，黄帝作灶，死为灶神。

时期得到广泛使用（以釜为代表）。"蒸谷为饮，烹谷为粥"，首次因烹调方法区别食品，发明了蒸锅"甑"。

周秦时期，是中国饮食文化的成形时期，主食以谷物蔬菜为主。至此，奠定了中国饮食的基本结构。

中国几千年来的农业文明，某种程度上说，实际上是围绕着一个"吃"字展开的。先民们从茹毛饮血、食不果腹到"仓廪实，知礼仪"，经历了一个漫长的过程，然后从"食不厌精、脍不厌细"到现代文明的合理膳食、营养均衡，一直贯穿着一个吃的文明、吃的文化。在大多数的年月里，先民们每天面对的最大问题，就是"吃什么""怎样吃饱"。为吃而开疆拓土，攻城略地，疏通河道，发明生产工具，历代掌权者在如何让百姓休养生息、丰衣足食的问题上，一步步推动着5000年的灿烂文明进程。

曾几何时，我们还以"吃了吗"为见面打招呼的问候语。"你好"的出现，不仅是生活方式的转变，更多的是物质的力量、文明的力量，以及隐藏在物质后面的温饱问题的释然。如今，人们对火锅（简易灶）的热爱，也可能是源于对灶神的崇拜。众多职业学校中烹饪学校最红，大街小巷里饭馆最火。在吃的问题上，人们不仅要吃出时代感，还要吃出历史性，吃出花样：臭豆腐宴、龙凤宴、蝎子宴、蚯蚓宴等等，无奇不有。孙中山先生在其《建国方略》一书中说："我中国近代文明进化，事事皆落人之后，惟饮食一道之进步，至今尚为各国所不及"，从中可见一斑。

2015年，创意营销人梁涛，用"碗、筷子、勺、嘴"组成了中国餐饮业的标志性logo"吃"，把中国的餐饮文化和造字文化做到了极佳的结合。

## 二、中国食文化的背后

马克思就曾经认为，中国文明是一个早熟的婴儿，它的发育过程中具有明显的超前特征。作为一个具有5000年历史的文明古国，它的超前特征就表现在食文化上，构成了中国文明史的一部分。

（一）食文化受自然环境的制约

中国位于亚洲大陆的东南部，西北面是茫茫沙漠、草原和戈壁，东南则是茫茫大海。孕育中国文化的主要温床黄河流域，土地虽然较肥沃，但是其他环境较恶劣，多风少雨，生存的条件并不好。对于一个传统农业大国来说，食文化的发展史，本源上就是一部谷物菜蔬的种植演变史。广阔的地域和多变的气候促使南、北方各自开发和发展了具有地域特色的饮食资源。中国南方气温偏高、空气潮湿、雨水充足，适于水稻生长；北方则比较干旱、四季分明、寒温交替，适合小麦生长。

农业的发展促进了素食文化的形成。春秋战国时期，谷物菜蔬以稷（小米，又称谷子）为主，稷为五谷之长，长时期占主导地位。好的稷叫粱，粱之精品为黄粱。其次为黍（大黄黏米，又称粟）。另外还有麦（大麦）、菽（豆类，以黄豆、黑豆为主）、麻（又叫苴）、南方稻（糯米，普通稻叫粳秫）、菰米（茭白的种子）等。周以后中原才开始引种稻子，稻子属细粮，较珍贵。汉代引进了石榴、芝麻、葡萄、胡桃（即核桃）、西瓜、甜瓜、黄瓜、菠菜、胡萝卜、茴香、芹菜、胡豆、扁豆、苜蓿（主要用于马粮）、莴笋、大葱、大蒜及一些烹调方法（如炸油饼、芝麻烧饼等），发明了植物油①（杏仁油、奈实油、麻油）和豆腐②的做法。1960年河南密县发现的汉墓中的画像石上就有豆腐作坊的石刻。一直到了明清时期，菰米才被彻底淘汰；麻子退出主食行列改作榨油料；豆料也不再做主食，成为菜肴；北方黄河流域小麦的比例大幅度增加，面成为宋以后北方的主食；马铃薯、甘薯及其他蔬菜的种植达到较高水准，成为主要菜肴。

在这样一个以种植业为主的国家，"靠天吃饭"成为常态，难怪有诗云："红日巡天过午迟，腹中虚实自家知。人生一饱非难事，仅在风调雨顺时。"一个社会需要什么的时候，往往是它缺少什么的时候。古时候科技不发达，对于中国人自古以来对吃的重视，甚至视之为人生的第一要事就不

---

① 此前都用动物油，叫脂膏。带角的动物油叫脂，无角的叫膏。脂较硬，膏较稀软。植物油有，但很稀少，南北朝以后植物油的品种增加，价格也便宜。

② 豆腐为淮南王刘安发明的。

难理解了。

（二）食文化受人文环境的影响

现实的生存条件，决定了这个社会需要谦让、需要少欲，因此，中国文明以其强烈的道德和禁欲特征贯穿始终。传统文化提倡"德治"，维护"礼治"，重视"仁治"，主张以道德去感化教育人，推崇贤人政治，相信"人格"感召力，重视人的道德发展，把人当作可以有很复杂的伦理天性的"人"来看待，重视责任感思想、节制思想。孔子把"仁"作为最高的道德原则、道德标准和道德境界，以此形成以"仁"为核心的儒家学说。同时，传统文化也具有明显的禁欲色彩，虽说"食色，性也"，但中国人历来"谈性色变"，使得中国人在人的其他本性方面不能够随心所欲，只能把对食的追求当作人生至乐，吃饭成为第一要求。相比之下，西方则不把"吃"这种人生易于满足的事情作为人生至乐来追求，"现实的苦难产生不了文化的浪漫"，中国文化体现的是一种"吃的文化"，西方文化体现的是一种"情爱文化"。[①]

## 三、中国的饮食特征

饮和食其实是两个不同的概念，一个是喝的问题，一个是吃的问题。饮指喝，《说文解字》："饮，歠也。"在中国，最具代表性的饮文化当数酒文化和茶文化了。古人很早就知道酿酒，殷人好酒，出土的觚、爵等酒器之多，可以说明当时饮酒之盛。古代所谓酒一般都是以黍为糜（煮烂的黍），加上曲蘖（酒母）酿成的，不是烧酒。茶是我国主要的特产之一，《尔雅·释木》："槚，苦荼。"在汉代茶已是一种可以买卖的饮料，王褒《僮约》提到"烹茶""买茶"。《三国志·吴书·韦曜传》载，孙皓密赐韦曜茶荈以当酒。《续博物志》说南人好饮茶，大概饮茶的风气是从江南传开的。南北朝时饮茶风气渐盛，唐宋以后，茶更成为一般文人的饮料。

食字从人、从良，意为维持人一生的东西。《说文解字》："食，亼米

---

[①] 徐旺生：《民以食为天——中华美食文化》，海南出版社1993年版。

也。""亼"是聚集的意思,"亼米也"的意思是集众米而成食,"六谷之饭曰食"。今指食物的通称。

饮食是一个泛称,这里着重探讨的是"食"的特征,为了表述的方便,用饮食代指食。由于中国特有的自然环境和人文影响,在饮食上,与西方相比具有明显的不同特征。

(一)典型的饭菜结构

中国人的饮食从先秦开始就是以谷物为主,肉少粮多,辅以菜蔬。饭是主食,而菜则是为了下饭,即"助饭下咽"。这就意味着以谷物为主的"饭",本身是不可口的。因为主食不可口,必须有一种物质来辅助它使人们能够吃下去,这就让菜有了存在的必要。菜的本义是蔬菜,《说文解字》:"菜,草之可食者。从草头,菜声。"上古时期菜只指蔬菜,不包括肉类、蛋类,到了中古以后,菜才包括了肉类、蛋类。

由于菜蔬具有一定的时令性,跨季节、跨地域的贮藏和保存就是一个问题,于是有了咸菜的制作。咸菜大多是就地取材,用盐和其他作料将肉、鱼、蔬菜等食物加以腌制,以备不时之需,既解决了四季更替、蔬菜不变的问题,又能开胃下饭。因此,腌菜的最初意义在于贮藏,目的是延长蔬菜的贮藏及食用期来弥补粮食的不足,这也从一定意义上赋予了蔬菜"救荒"之用的功能(以丰年之菜,满足"荒年"之需)。蔬菜腌制是一种古老的蔬菜加工贮藏方法,具有悠久的历史。由于加工方法与设备简单易行,所用原料均可就地取材,故在不同地区有各具特色的咸菜,成为一种独特的地方人文风情文化。如:北京的水疙瘩、天津的津冬菜、保定和苏州的春不老、山西什锦酸菜、绍兴咸鱼、潮汕咸菜及四川榨菜(咸菜之王)、腌雪里蕻、韭菜花、糟辣子、萝卜干等等,种类繁多,数不胜数。

西方饮食的肉食比例较高。西方最初以畜牧业为主,肉食在饮食上所占比例一直很高。到了近代,种植业比重增加,但是肉食在饮食中的比例仍然比中国高。

(二)烹饪发达

以谷物为主的饭菜结构,使中国烹饪的首要目的是装点饮食,使不可口的食物变得利于消化、精妙绝伦，令人食欲顿开，因此，中国饮食的主客观条件都促进了烹饪的发达。中国人以热食、熟食为主，古人认为："水居者腥，肉臊，草食即膻。"据《吕氏春秋·本味》记载：热食、熟食可以"灭腥去臊除膻"。远古时代火的发明和运用，使得中国人较早掌握了烹饪的技术。烹饪简单地说就是烧煮食物，做饭菜。汉语"烹"就是用火煮的意思，"饪"是熟的意思，是对食物原料进行热加工，将生的食物原料加工成熟食品。而"调"就是调味，运用合理的调配方法，通过调制，使菜肴滋味可口，色泽诱人，形态美观。烹饪是一种广泛的膳食艺术，是色觉、嗅觉、味觉艺术，也是刀工、筵席摆盘、上菜、吃序的行为艺术，包括调制熟食，也包括调制生食。唐代孙逖《唐济州刺史裴公德政颂序》中"蔬食以同其烹饪，野次以同其燥湿"，宋代陆游《食荠十韵》的"采撷无阙日，烹饪有秘方"，《新唐书·后妃传上·韦皇后》中"光禄少卿杨均善烹调"等等，对此均有记载。

常用的烹饪技法有：炒、爆、炸、烹、熘、煎、贴、烩、扒、烧、炖、焖、氽、煮、酱、卤、蒸、烤、拌、炝、熏，以及甜菜的拔丝、蜜汁、挂霜等，不同技法具有不同的风味特色，形成了中国人广泛的菜系食谱。早在春秋战国时期，中国饮食文化中南北菜肴风味就表现出差异。到唐宋时，南食、北食各自形成体系。发展到清代初期时，鲁菜、川菜、粤菜、淮扬菜，成为当时最有影响的地方菜，被称作"四大菜系"，后来又增加了浙菜、闽菜、徽菜、湘菜，扩充为"八大菜系"，直至加上北京菜、上海菜形成"十大菜系"[①]。这些不同流派、不同风味的菜式就是各种烹饪原料通过不同的烹调技法创作出来的具有不同风格的烧菜方法。

西方肉食的天然可口限制了烹饪的发展，烹饪艺术更多讲究器皿的多少和豪华，如欧洲人在显示富裕的时候，多是用饮食的工具来表现。所谓"脍炙人口"，其本义指的就是切细的生肉（通常是鱼脍）和烤肉人人都爱吃，可见，古人早已深谙肉食可口的道理，苦于条件限制，只能用烹饪来弥补食材天生的不足。《孟子·尽心章句下》载："曾晳嗜羊枣，而曾子不

---

① 另有加上东北菜、西北菜的十二大菜系之说。

忍食羊枣。公孙丑问曰：'脍炙与羊枣孰美？'孟子曰：'脍炙哉！'"

（三）聚食制

中国人注重家庭，重视血缘亲属关系和家族家庭观念，重视个体与家庭其他成员的关系，把血缘亲属关系带来的乐趣，称为"天伦之乐"，把原生家庭和多个新生家庭跨代同堂看作是一种享受，认为家庭是一切社会组织的中心，推崇"情意至上"，以家庭为维系个人情感、社会稳定的纽带，反映在饮食上就有了聚食制。古代炊间在住宅的中央，上有天窗出烟，下有篝火，在火上做炊，就食者围火聚食。这种聚食古俗，一直沿用至今。

1. 聚食制与节日食俗

节日食俗是指节日期间的饮食风俗，包括食品的典型内容、制作及一系列就餐的风俗习惯。其中，聚食是一个重要的载体，没有了聚食，什么样的节日美食都会缺少味道。"每逢佳节倍思亲"的"亲"里，除了有对家人聚首畅聊的记忆，更多的是由吃食的气味和温度构成的情意。聚食制与节日食俗相辅相成，聚食让节日食俗变得有意义，节日食俗使聚食增添了仪式感和乐趣。比如除夕夜的团圆饭，是中国人聚食的最高标准；中秋节吃的月饼，是"天上月圆，地上人圆"的食俗写照；等等。

2. 聚食制与餐桌礼仪

聚食制免不了会带来长幼尊卑的顺序问题，因此，在餐桌礼仪方面，比如入座礼仪、进餐礼仪等方面都有严格的规定，这既是家族教养、等级秩序的体现，也是社交文明礼仪的要求。中国人早在周代，就已形成一套完善的饮食礼仪制度。在座次上"尚左尊东"，认为左为尊，右为次；上为尊，下为次；中为尊，偏为次。客人应先入座上席，长者入座客人旁。入座时从椅子左边进入，入座后不动筷子，不弄出声响，不起身走动。《礼记·曲礼》载："虚坐尽后，食坐尽前。""食至起，上客起，让食不唾。""客若降等，执食兴辞。主人兴辞于客，然后客坐。""三饭，主人延客食胾。然后辨肴，客不虚口。"①……

《论语》云"食不言，寝不语"，今天中国人的餐桌文化变成了社交饭

---

① 意思是一般的客人吃三小碗饭后便要说饱了，须主人劝让才开始吃肉。

局，关于餐桌礼仪的一些古训也在发生变化。

3. 聚食制与食具

中国人的传统观念强调整体，尤其关注整体与局部的关系；重视平衡均势，强调和谐统一，喜欢团圆之美，注重中庸之道，处事圆滑，灵活性强。因此，传统的聚食餐桌以圆桌为主，圆桌寓意团圆、和美、吉祥，大家团团围坐，共享一席，相互敬酒、让菜、劝菜，形成一种相互尊重、礼让、团结、共趣的气氛。

中国很早就已使用餐具，用勺子的历史大概有八千年，用叉子的历史约四千年，用筷子的历史至少有三千年。勺子和筷子在先秦时就已分工明确，勺子用来吃饭，筷子用来吃羹里头的菜。筷子在先秦时代称为"梜"，汉代时称"箸"，明代开始称"筷"。《礼记·曲礼上》提及"羹之有菜者用梜"，《急就篇》说"箸，一名梜，所以夹食也"，《礼记》郑玄注"梜，犹箸也"，《云仙杂记》载："向范待侍，有漆花盘，科斗箸，鱼尾匙"。在餐具上，筷子是中国饮食文化的标志之一，发明于中国，后传至朝鲜半岛、日本、越南等汉文化圈。中国目前发现的最早的筷子是河南省安阳市殷墟出土的铜筷子。《韩非子·喻老》言："昔者纣为象箸而箕子怖。"可见三千多年前的中国就已经出现象牙筷子。由此，形成了中国独特的筷子文化：筷子一头圆、一头方，对应天圆地方；手持筷子时，对应天、地、人三才之象；标准长度为七寸六分；使用时有十二忌①；提倡端碗龙含珠，举箸凤点头的礼仪；等等。

但是，圆桌文化和筷子文化在现代社会的聚食制里，由于人们观念的变化，正在受到越来越大的挑战。尤其聚食时的筷子使用，被大多数人认为存在卫生隐患，而圆桌文化和筷子文化的众多繁文缛节也早已被遗忘殆尽，有的甚至被淘汰。

---

① 指的是：三长两短、仙人指路、品箸留声、击盏敲盅、执箸巡城、迷箸刨坟、泪箸遗珠、颠倒乾坤、定海神针、当众上香、交叉十字、落地惊神。

## 四、中国食文化的内涵

中国食文化深受阴阳五行学说、儒家学说、中医营养学说、民俗习惯、艺术审美风格诸多因素的影响，从外延看，可以从时代与技法、地域与经济、民族与宗教、食品与食具、民俗与功能等多种角度进行分类；从内涵看，其本质就是中国人自己在烹饪中调制出的味之道，包含了"五道"，即：烹饪之道、调和之道、做人之道、四时之道、治国之道。

食文化包括三个层次，即：物质层次、行为层次、精神层次。物质层次体现在食材、炊具、餐具等一切食物器皿上；行为层次体现在食物的制作过程、摆放过程和进食要求上；精神层次体现在食谱典故、礼仪规范、节日食俗等方面。因为在结构、制作、方式、食具、时制方面各具特色，因此形成了具有明显的传统价值观念、民族风格、饮食习惯特征的食文化。

### （一）烹饪之道

烹饪的三大要素是：原料、火候、调味。原料是基础，火候是关键，调味是手段，再配以适当的工具，就能制作出色、香、味、形、质、养兼美的饭食菜品。

中国因膳食结构的特殊性而具有独特的烹饪技艺，注重色香味，历史悠久、经验丰富，素以选料讲究、制作精湛、品种多样著称于世，其精湛之处在于即使是同一种原材料，通过不同的烹调方法，也可以做成色香味截然不同的美食。在长期的发展过程中，形成了饮食精美、注重营养、风味独特的饮食菜肴，无论菜名，还是食器，都具有浓郁的文化气息。

1. 选料精良

《论语·乡党》有云"食不厌精，脍不厌细"，孔子的这一饮食观被当作祖训流传至今。精，是对中华饮食文化的内在品质的概括，也代表了中国人恪守祭礼食规[①]以示敬、慎洁、卫生的完整思想，进而有了"食饐而餲，鱼馁而肉败不食；色恶不食；嗅恶不食；失饪不食；不时不食；割

---

[①] "食不厌精，脍不厌细"的前半句是"齐必变食，居必迁坐"，可见孔子本来说的是斋祭之食。

不正不食；不得其酱不食；肉虽多，不使胜食气；唯酒无量，不及乱；沽酒市脯不食，不撤姜食，不多食。祭于公，不宿肉；祭肉不出三日，出三日，不食之矣"的"二不厌三适度十不食"的进食原则。

"精者，善米也"，在孔子所生活的年代，得"善米"并不是一件容易的事，但贫寒如孔子，在饮食上却追求极致的精细，这是古代圣贤的"礼"和"仁"思想的体现。今人对"精"的追求，重在脱壳碾米的过程，导致营养的过分流失，是对孔子思想理解上的偏差，也是中国人自古以来把"吃饭"放在第一位的现代写照。

选料，是中国厨师的首要技艺，是做好一道中国菜肴美食的基础。每种菜肴美食所取的原料，包括主料、配料、辅料、调料等，都有很多讲究和一定之规。概而言之，则是"精""细"二字。所谓"精"，指所选取的原料，要考虑其品种、产地、季节、生长期等特点，以新鲜肥嫩、质料优良为佳。《素问·脏器法时论》中"五谷为养，五果为助，五畜为益，五菜为充，气味和而服之，以补精益气"，是最早关于膳食结构的记载，也是几千年来的择食原则。

汉唐时代，习惯于将美味佳肴称作"八珍"。大约从宋代开始，八珍具体指称八种珍贵的烹饪原料。到了清代，各种系列的"八珍"不胜枚举，主要指的是八种珍稀原料组合的宴席。如"满汉全席"的"四八珍"，指四组八珍组合的宴席，即山八珍、海八珍、禽八珍、草八珍，包含32种珍贵的原料。

因选料精良而扬名的菜，例如：

北京烤鸭，选用北京产的"填鸭"，体重以2.5公斤左右为优，过大则肉质老，过小则不肥美。

杭州名菜西湖醋鱼，用的是湖产活草包鱼。草包鱼虽鲜美，但肉质松散并带有泥土味，须装入特制竹笼，放入清水"饿养"2天，一待肉质结实，二待脱去泥土味，再加以烹调，便更为鲜嫩味美，且有蟹肉滋味。

北京名菜涮羊肉，选用内蒙古当年产的小尾巴绵羊，且是阉割的公羊，体重20公斤左右，宰杀后放在冰池里压埋2~3天，取出切片，才能色鲜、肉嫩、不膻。

宫保鸡丁，要选用当年笨鸡鸡脯部位的嫩肉，才能保证肉味鲜嫩；"滑熘肉片"，必须选用猪的里脊部位的肉，方合标准，吃起来嫩滑味美；"荷叶粉蒸肉"，要选用五花肉，才能汁润不干，肉嫩清香。

2. 刀工细巧

烹饪主要对食物做处理，用例如切、刨、剁等方式让食物变碎而易于食用，"脍不厌细"的"脍"，是指切后生食的肉类，为使生肉尽可能除腥味，就必须切得薄些、细些，味道才能更可口，也便于咀嚼和消化。鱼脍在古代是很普遍的食品，《礼记·内则》中就有"肉腥细者为脍"，自先秦以来就有记载，唐代是食用生鱼片的高峰期，并且成为平民的日常菜肴，因此，"脍不厌细"在如何做到"细"的问题上，就有一套丰富的刀工内容。

刀工亦是刀功，即厨师对原料进行刀法处理，使之成为烹调所需要的整齐一致的形态，以适应火候，受热均匀，便于入味，并保持一定的形态美，因而是烹调技术的关键之一。我国早在古代就重视刀法的运用，经过历代厨师的反复实践，创造了丰富的刀法，如直刀法、片刀法、斜刀法、剞刀法[①]和雕刻刀法等，把原料加工成片、条、丝、块、丁、粒、茸、泥等多种形态和丸、球、麦穗花、蓑衣花、兰花、菊花等多样花色，还可镂空成美丽的图案花纹，雕刻成"喜""寿""福""禄"字样，增添喜庆宴席的欢乐气氛。特别是刀技和拼摆手法相结合，把熟料和可食生料拼成艺术性强、形象逼真的鸟、兽、虫、鱼、花、草等花式拼盘，如"龙凤呈祥""孔雀开屏""喜鹊登梅""荷花仙鹤""花篮双凤"等。其中，"孔雀开屏"是用鸭肉、火腿、猪舌、鹌鹑蛋、蟹钳肉、黄瓜等15种原料，经过22道精细刀技和拼摆工序才完成的。

南宋曾三异的《同话录》说，有一年泰山举办绝活表演，"天下之精艺毕集"，自然也包括精于厨艺者。"有一庖人，令一人裸背俯伏于地，以其背为几，取肉一斤许，运刀细缕之。撤肉而试，兵背无丝毫之伤。"可见刀功

---

[①] 在原料上划上刀纹而不切断。

之精妙。

### 3. 火候独到

火候，是形成菜肴美食风味特色的关键之一，是烹饪中最重要的事，同时也是最难把握和说明的事。一位烹饪者能否成为名厨，火候乃其关键，所以中国饮食中的厨者在操作时，积一生之经验、悟已身之灵性，充分发挥自己细微的观察体验能力和丰富的想象能力，进行饮食艺术的创造。

加热食品，通常能让食物变软、杀菌，且使食物的营养成分更容易被人体吸收，5℃～60℃是许多食物细菌旺盛的温度。喜好熟食、热食的中国人对火的重视和掌握更是首屈一指，如"脍炙人口"的"炙"是会意字，上面是肉，下面是火，就是指用火烤的肉；而"烹"字也和火分不开，"烹"就是加热处理，就是对火候的控制，起源于火的利用，本义是指用火煮，后来泛指烹饪原料制熟成菜肴的操作过程，方式多种多样，其制作过程重在掌握火候，如清蒸鱼，火候不到则生，过火则老。

火候瞬息万变，没有多年操作实践经验很难做到恰到好处。因而，掌握适当火候是中国厨师的一门绝技。中国厨师能精确鉴别旺火、中火、微火等不同火力，熟悉了解各种原料的耐热程度，熟练控制用火时间，善于掌握传热物体（油、水、气）的性能，还能根据原料的老嫩程度、水分多少、形态大小、整碎厚薄等，确定下锅的次序，加以灵活运用，使烹制出来的菜肴，要嫩则嫩，要酥则酥，要烂则烂。早在古代，就有过对火候变化规律及掌握要点的专门研究："五味三材①，九沸九变，必以其胜，无失其理。"（《吕氏春秋》）

北宋词人苏轼不仅是位美食家，也是一位烹调家，他创造了一道著名的菜叫"东坡肉"，这和他善于运用火候有密切关系，他还把这些经验写入炖肉诗中："慢着火，少着水，火候到时自然美。"后人运用他的经验，采用密封微火焖熟法，烧出的肉原汁原味，油润鲜红，烂而不碎，糯而不腻，酥软犹如豆腐，适口而风味突出。

---

① 由夏末商初的伊尹提出，"五味"指酸、甜、苦、辣、咸，"三材"指水、木、火。

### 4. 技法各异

指烹饪方法上，技法各样、品种繁多，仅《梦粱录》所录就有蒸、煮、熬、酿、煎、炸、焙、炒、燠、炙、鲊、脯、腊、烧、冻、酱、焐、火等类。常用的技法有：炒、爆、炸、烹、熘、煎、贴、烩、扒、烧、炖、焖、氽、煮、酱、卤、蒸、烤、拌、炝、熏，以及甜菜的拔丝、蜜汁、挂霜等，不同技法具有不同的风味特色，每种技法都有几种乃至几十种名菜。

叫花鸡，即以泥烤技法，扬名四海。具体做法是：把鸡宰杀后除去内脏，配以葱盐等多种调料，加以缝合，糊以黄泥，架火烤烧，泥干鸡熟，敲土食之，肉质鲜嫩，香气四溢。云南过桥米线，是氽的技法杰作：用母鸡熬成沸热的鸡汤，配以切得细薄的鸡片、鱼片、虾片和米线，面上敷以浮鹅油，既起保温作用，又能氽熟其他食品，保持热而鲜嫩。

常用的烹调十法：

炖：有隔水炖和不隔水炖之分。隔水炖是加好汤和料封口，把容器放入锅中，武火炖三小时即可；不隔水炖为直接武火煮沸，撇去浮沫，再用文火炖至酥烂。

熬：先在锅内加底油烧热后，放入主料稍炒，再加汤及调味品，后用文火煮烂。

烩：将多种原料用汤和调料混合烹制成一种汤汁菜。

氽：将汤和水用武火煮沸，投下药料及食料，加以调味即可。

焖：先在锅内放油，将食物同时放入，炒成半成品，加姜、葱、花椒、汤及调味品，盖锅盖，用文火焖烂。

烧：将原料放入有少量油的锅中加调料煸炒，进行调味调色，待颜色转深放入调味品及汤（或水），用文火烧至酥烂后，武火收汤稍加明油即可。

蒸：将食物拌好调料后，放入碗中，利用水蒸气加热烹熟的方法。

煮：将原料放入锅内，加适量汤或水，先用武火烧开，改文火烧熟即可。

卤：先调好白卤或红卤，然后将原料加工，放入卤汁中，用文火煮烂，使之渗透卤汁至酥烂。

炸：将油用武火烧至七八成熟，再将原料下锅，进行翻动，防过热烧焦，通常炸至金黄色即可。

除了这些常用技法外，具有悠久历史的腌制法也值得一提。俗话说"好看不过素打扮，好吃不过咸菜饭"，腌菜是一种开胃的大众食品，吃起来能增进食欲，吃过后"清气上升，浊气下降，渣进大肠，水归膀胱"，能使人精力充沛，体魄健壮。有"咸菜王"之称的四川榨菜，曾在世界酱腌菜评比会上，与联邦德国的甜酸甘蓝、欧洲酱黄瓜同列为三大名菜。腌制法主要是利用高浓度盐液来保藏蔬菜，并通过腌制，赋予蔬菜以特殊的风味。

5. 情调优雅

中国饮食文化情调优雅，注重情趣，讲究美感，氛围艺术化。不仅烹饪技术精湛，而且讲究菜肴美感，注重食物的色、香、味、质、形、序、器、适、境、趣[①]的协调一致。不仅对饭菜点心的色、香、味有严格要求，而且对它们的命名、品味的方式、进餐时的节奏、娱乐的穿插等都有一定的要求。

（1）菜名。

在中国人的餐桌上，没有无名的菜肴。一个美妙的菜肴命名，既是菜品生动的广告词，也是菜肴自身的一个有机组成部分。菜名给人美的享受，它通过听觉或视觉的感知传达给大脑，产生一系列的心理效应，发挥出菜肴的色、形、味所发挥不出的作用。菜肴的名称出神入化、雅俗共赏，既有根据主、辅、调料及烹调方法的写实命名，也有根据历史掌故、神话传说、名人食趣、菜肴形象来命名的，如全家福、将军过桥、狮子头、叫花鸡、龙凤呈祥、鸿门宴、东坡肉。

（2）食具。

食具之美，首先体现在古人发明创造的智慧上，主要有炊具、酒具、餐具（又分进食具、盛食具、贮藏具）三大类，三类食具在功能和形状上

---

[①] 也被称为"十美"风格。

具有取长补短、互为演化的特点。我国古代炊具主要有鼎、镬、甑、甗、鬲[①]等，可分为陶制、青铜制两大类，早期为陶制，殷周以后出现青铜制，一般百姓多用陶制，贵族用青铜制。

中国饮食文化之"美"，贯穿于饮食活动过程的每一个环节，是中国饮食活动形式与内容的完美统一，它能带给人们审美愉悦和精神享受，也是中国饮食的魅力所在。美器是其中最主要的表现形式，清代诗人袁枚曾说"煎炒宜盘，汤羹宜碗，参错其间，方觉生色"，又曾在《随园食单》里引用古语"美食不如美器"，食美器也美，才能美上加美。

中国古代食具主要包括陶器、瓷器、铜器、金银器、玉器、漆器、玻璃器几个大的类别，彩陶的粗犷之美、瓷器的清雅之美、铜器的庄重之美、漆器的秀逸之美、金银器的辉煌之美、玻璃器的亮丽之美，都能给使用它的人以美食之外的另一种美好享受。

周代的列鼎、汉代的套杯、孔府的满汉全席银餐具，都体现了一种组合美。作为八大菜系之首的鲁菜孔府宴，在食器上，除了特意制作一些富于艺术造型的食具外，还镌刻了与器形相应的古诗句，如在琵琶形碗上镌有"碧纱待月春调珍，红袖添香夜读书"。孔府专为举行高级筵宴的满汉全席银餐具，一套总数为404件，可上菜196道。餐具，部分为仿古器皿，部分为仿食料形状的器皿，按照四四制格局设置，分小餐具、水餐具、火餐具、点心盒几个部分。器皿的装饰极为考究，嵌镶有玉石、翡翠、玛瑙、珊瑚等，刻有各种花卉图案，有的还镌有诗词和吉言文字，显高雅不凡。

美器与美食的谐和，是饮食美学的最高境界。杜甫《丽人行》中"紫驼之峰出翠釜，水晶之盘行素鳞；犀箸厌饫久未下，鸾刀缕切空纷纶"的诗句，吟咏了美食美器，烘托出食美器美的高雅境界。

美食与美器的搭配要体现和谐，如菜肴与器皿在色彩纹饰上的和谐，冷菜和夏令菜宜用冷色食器；热菜、冬令菜和喜庆菜宜用暖色食器；纹饰

---

[①] 鼎腹一般呈圆形，下有三足；镬为无足之鼎；甗与鼎相近，但足空，且与腹相通；鬲与甑合用为甗。

上，食料的形与器的图案要相得益彰。一般，和谐搭配的原则是：菜肴与器皿在形态上要和谐、菜肴与器皿在空间上要和谐、菜肴掌故与器皿图案要和谐、一席菜食器皿上的搭配要和谐。

（二）调和之道

饮食之美，首先是味道美。孙中山先生讲"辨味不精，则烹调之术不妙"，把对"味"的审美视作烹调的第一要义。"调和"不仅是烹饪之技的重要手段，更是中国饮食文化的独特之道，味之美在于调和之术。美食的调和，以适口者为珍，是对饮食性质、关系深刻认识的结果，味是调和的基础，调是手段，和是标准。《晏子春秋》中说："和如羹焉。水火醯醢[①]盐梅以烹鱼肉，焯之以薪，宰夫和之，齐之以味。"讲的也是这个意思。

1. 五味调和

"调"指的是原辅料的搭配和调味料的使用。通过调制，使菜肴美味可口、色泽诱人。《吕氏春秋·本味篇》云："调和之事，必以酸、苦、甘、辛、咸。其先后多少，其奇甚微，皆有自起。"调味料所需数量和加入的先后顺序都有讲究。可见，中国传统饮食的调味技艺之细腻无与伦比。调味的作用在于：祛除原料异味，无味者赋味，确定肴馔口味，增加食品香味，赋予菜肴色泽，杀菌消毒。调味的方法变化多样，主要有基本调味、定型调味和辅助调味三种，以定型调味方法运用最多。所谓定型调味，指原料加热过程中的调味，是为了确定菜肴的口味。基本调味在加热前进行，属于预加工处理的调味。辅助调味则在加热后进行，或在进食时调味。总之，调味是否得当，除了调料品种齐全、质地优良等物质条件以外，关键在于对调料的使用比例、下料次序、调料时间（烹前调、烹中调、烹后调）是否掌握得恰到好处。调味的常用方法有：因料调味、因菜调味、因时调味、因人调味、因地调味。

"调"，就是调味，使食物搭配均匀，配合适当、协调，起源于盐的发现。盐被称为"百味之王"，具有提鲜作用。菜的功能和盐的功能有共同点，但是不等同于盐。

---

[①] 醯醢，音：xī hǎi，释义：用鱼肉等制成的酱。

人的基本味觉只有酸、甜、苦、咸[①]4种，其余都是混合味觉，是基本味觉的不同组合。4种基本味觉由4种不同的味觉细胞感受，它们在舌面上的分布是不均匀的。感受甜味的味觉细胞多集中在舌尖，舌的两侧中部对酸味最敏感，舌的两侧前部对咸味最敏感，舌根对苦味最敏感。[②]

苦味

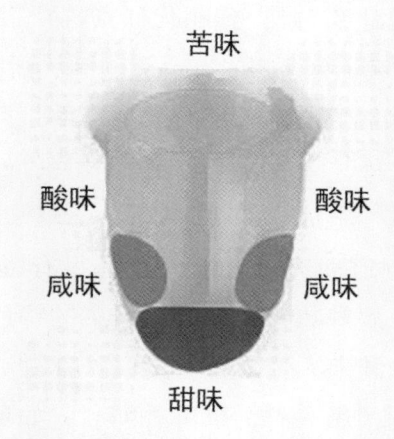

酸味　　酸味

咸味　　咸味

甜味

经过调和，人们可以把肴馔的味型分为基本型和复合型2类。基本型大约可分为9种，即咸、甜、酸、辣、苦、鲜、香、麻、淡。复合型难以数计，大体可归纳为50种左右。《灵枢经》载：食入五味，各走其所喜的五脏，酸味入肝、苦味入心、辛味入肺、甘味入脾、咸味入肾。故辛、酸、甘、苦、咸为食之五味，在饮食中，"五味调和百味香"。《黄帝内经》云"五味之美，不可胜极"，《文子》则说"五味之美，不可胜尝也"，说的都是五味调和可以给人带来美好的享受。

《黄帝内经》说："天食人以五气，地食人以五味。""谨和五味，骨正筋柔，气血以流，腠理以密。如是则骨气以精，谨道如法，长有天命。"味是饮食五味的泛称，和是饮食之美的最佳境界。这种和，由调制而得，既能满足人的生理需要，又能满足人的心理需要，使身心需要能在五味调和中得到统一。

---

[①] 有现代学者提出"鲜"也是基本味觉之一。见 NewSeasonings，Chemical Senses，2002.
[②] 有研究表明事实可能并不是如此。

2. 菜系文化

在五味调和的过程中，形成了独具特色的中国菜系文化。中国的传统饮食文化具有明显的区域表现，即"南甜北咸东酸西辣"。菜系的形成和发展就是我国地理环境、气候、食材、嗜好的真实写照。

菜系由宋代"南咸北甜"[1]，到明代"京苏广"三式，到清代四大菜系，再到清末的八大菜系（鲁、川、苏、粤、闽、浙、湘、徽菜[2]），以致后来在此基础上添加北京菜、上海菜的十大菜系，再添加西北菜、东北菜的十二大菜系。除此之外，还有宫廷菜、官府菜、市肆菜、寺观菜、民族菜、外来菜等菜系。

以八大菜系为例，地理环境对饮食选择很有影响，蜀湘一带湿气较重，选择辣食能祛湿，故辣味菜是湘菜、川菜的特色，民间有"四川人不怕辣、江西人辣不怕、湖南人怕不辣"之说。食材更是决定菜系的重要因素，临近江海湖地带则擅做海鲜，以鲜香闻名，如粤菜、闽菜系；相反，山地徽菜以烹制山珍野味著称；苏菜发源地由于菜种丰富，所以一大特点便是四季有别。嗜好是决定菜系的又一重大因素，鲁菜追求味纯，香、嫩、清、脆是其特色；徽菜更爱烧、炖、蒸，注重火候，善于保持原汁原味；苏菜、浙菜选料严谨，爱好和注重制汤，保持原汁，追求鲜、香、酥、嫩，重刀工、火候，喜用炖、焖、煨、焐、蒸；粤菜技法、配料多样，追求鲜、嫩、爽、滑、浓；川菜、湘菜重调味，以麻、辣、酸、香为主味。因而，又把鲁菜、徽菜比为古拙朴实的北方健汉，浙菜、苏菜比为清秀素丽的江南美女，粤菜、闽菜比为风流典雅的公子，川菜、湘菜比为内涵丰富充实、才艺满身的名士。由此可知，菜系是各区域历史饮食文化的沉淀，赋予了传统饮食文化多彩和丰富的内涵。

具有"八大菜系之首"之称的鲁菜，又叫山东菜。历史悠久，影响广泛，是中国饮食文化的重要组成部分。鲁菜发端于春秋战国时的齐国和鲁

---

[1] 北宋文人沈括在《梦溪笔谈》中，将中国当时的口味分布概括为"大抵南人嗜咸，北人嗜甘"。苏舜钦："霜柑糖蟹新酷美，醉觉人生万事非。"

[2] 八大菜系，不同的时期有不同的排序，其中，苏菜也叫淮扬菜。

国（在今山东省），形成于秦汉。宋代后，鲁菜就成为"北食"的代表。鲁菜是中国覆盖面最广的地方风味菜系，遍及京津塘及东北三省，更以其味鲜咸脆嫩、风味独特、制作精细享誉海内外。山东古为齐鲁之邦，地处半岛，三面环海，腹地有丘陵平原，气候适宜，四季分明，海鲜水族、粮油畜生、蔬菜果品、昆虫野味一应俱全，为烹饪提供了丰盛的物质条件。鲁菜常用的烹调技法有30种以上，其中尤以"爆、炒、烧、塌"等最有特色。爆，瞬间完成，营养素保护好，食之清爽不腻；烧有红烧、白烧，著名的九转大肠是烧菜的代表；"塌"是山东独有的烹调方法，其主料要事先用调料腌渍入味或夹入馅心，再蘸粉或挂糊，两面塌煎至金黄色，放入调料或清汤，以慢火熬尽汤汁，使之浸入主料，增加鲜味。鲁菜讲究调味纯正，口味偏于咸鲜，具有鲜、嫩、香、脆的特色。清汤色清而鲜，奶汤色白而醇。用清汤和奶汤制作的数十种菜，多被列入高级宴席的珍馔美味。著名的菜肴有：九转大肠，色泽红润，大肠软嫩，有酸、甜、香、辣、咸五味；糖醋黄河鲤鱼，选用黄河鲤鱼烹制而成，成菜后外焦里嫩，香酥、酸甜、稍咸；德州扒鸡，鸡皮光亮，色泽红润，肉质肥嫩，热吃时，手提鸡骨一抖，骨肉随即分离，香气扑鼻，味道鲜美，是德州传统风味。

　　少数民族饮食文化是中国传统饮食文化优越性的体现，其丰富多彩的饮食种类为传统饮食文化增添了色彩，少数民族的饮食文化由农业、地理位置、食材决定。中国地大物博，各具特色的农业为少数民族饮食文化奠定了基础。长期定居在大草原的畜牧民族如蒙古族、哈萨克族、藏族等的主食多为肉类、奶制品；居住在南方的民族如苗族、回族、白族、傣族等从事农业，其主食多为大米、小麦、青稞等，代表特色如竹筒饭、菠萝饭、五色饭等；如赫哲族、鄂温克族、基诺族等少数民族以狩猎和渔业为主，其主食多为野兽肉类、植物、鱼类，代表特色如杀生鱼、蝌蚪拌臭菜、松鼠干汤等。此外，少数民族多嗜茶、酒。我国少数民族多居住在边疆高寒地区，喝酒可以防寒，因此大多嗜酒，我国是"酒文化之邦"，不少少数民族更有"无酒不成席"之说。少数民族以酒待客之道各不相同，酒种类更是形态各异，有青稞酒、槟榔酒、藤酒等。茶也是少数民族必备的饮品，如藏族的酥油茶、蒙古族的奶茶等。人们在品尝各少数民族饮食的同时更能回味其蕴含的历史文化，融合少数民族饮食文化使中国传统饮食文化更具特色。

（三）做人之道

中国食文化贯穿着情和礼的做人之道。"寂然饭毕""食不言，寝不语"是做人的修养在饮食行为上的外在表现。聚而食之，表面上看是解决人的生存问题，实际上是人与人之间情感交流的媒介，是一种别开生面的社交活动，亲情、友情、爱情，都可以在"吃"的过程中得到交流，在饭桌上得以展现。一边吃饭，一边聊天，可以做生意、交流信息、采访。朋友离合，迎来送往，人们都习惯于在饭桌上表达惜别或欢迎的心情。感情上的风波，人们也往往借酒菜平息。这是饮食活动对于社会心理的调节功能。有人把中国人的"吃"戏称为：果腹、饕餮、聚会、宴请、养生、解馋、觅食、猎艳、约会、独酌"十大境界"。

1. 尽忠行孝悌

中国饮食之所以具有"抒情"功能，是因为"饮和食德、万邦同乐"的哲学思想及由此而出现的具有民族特点的饮食方式。从而，忠、孝、悌在座次安排上有了尊卑之别，在推杯换盏中有礼有节，在劝菜夹菜里共享天伦，人品、性格、修为在不经意间、醉意朦胧时逐一体现，于是有了大块吃肉、大碗喝酒的豪放，细嚼慢咽的斯文，浅尝即止的婉约。如唐代的"烧尾宴"，"唐自中宗朝，大臣初拜官，例献食于天子"（《辨物小志》），清代满汉全席的廷臣宴、"恩隆礼洽，为万古未有之举"的千叟宴、"四偶银花一玉驼，西羌岁献帝京罗"的九白宴。

2. 尊重为先

"礼"是中国传统文化的精髓，是一种内在的伦理精神，贯穿于饮食活动的始终，从而构成中国饮食文明的逻辑起点。《礼记·礼运》中说："夫礼之初，始诸饮食。"座席的方向、箸匙的排列、上菜的次序等等，都体现着"礼"。在餐桌上，中国饮食文化非常注重"尊重"二字，古有梁鸿孟光举案齐眉，除此之外还有很多餐仪，如对于长者、师尊或贵客，通常都要做到谦虚礼让；主人热情友好待客，客人频频表达谢意和敬意，一般宴请要先寒暄，在主人示意"请用，随意"等类似的话语后才开始用餐；主菜放在餐桌中央，其余菜围绕摆放，主菜面向贵宾或者年长者；长者坐定后，其余人方可入座；坐姿端正，与餐桌的距离保持得宜；用餐时温文尔雅，从容安静，不急躁等等，都是在餐桌上表示尊重的礼仪。

3. 懂得感恩

中国人注重孝道，往往会把最好的菜先送给家里的长辈品尝，以示感恩长辈对家庭的付出。善待长辈是每一个人应尽的义务，中国古代，"孝"是家庭伦理中最重要的观念，子曰："夫孝，天之经也，地之义也，民之行也。"（《孝经·三才章》）要较好地维护家庭中的长幼、尊卑秩序，使家族得以顺利延续，必须有一套适应当时社会的稳定的家族伦理规范，这种伦理规范应是涉及上自天子、下至庶人的一整套社会伦理规范。

在感恩思想里，比较有意思的是中国人的牙崇拜现象，即饮食文化里的"牙祭"文化。"牙祭"是旧时工商业主规定对店员、匠师、徒工等于农历每月初二、十六各给一次肉食的习俗。明末清初已有沿袭，清人吴敬梓所作《儒林外史》之第十八回："平时每日就是小菜饭，初二、十六跟着店里吃牙祭肉。"牙祭本来是用野猪牙或象牙（后来用玉璋）祭祀神或祖先，旧时，由于肉价昂贵，人们常视牙祭为难得的改善生活之机会，因此，对吃肉习称"打牙祭"，有"疲垮拉垮，牙祭不打""牙祭不打，生意要垮"的说法。后来，用"打牙祭"比喻种种适意的美好享受，借代指尽情惬意的满足。

牙齿对于人来说是一个不太主要但却是非常重要的部件，因而，牙齿本身富有强烈的英雄主义色彩，没有牙齿的思想是不能长久的，牙祭习俗可以看成是人们对劳苦功高的牙齿的一种感恩情怀。

4. 传承责任

中国人在日常饮食中，通过言传身教一代一代将饮食礼仪传承至今，这是责任使然，也是文化命脉不中断的关键。除了礼仪规范外，还将图腾崇拜的精神理念贯穿在饮食中。

龙是中华民族的图腾、象征，是中国文化的突出符号，是中国文化的凝聚和积淀。在中国文化中，龙有着重要的地位和影响。从距今七千多年的新石器时代，先民们对原始龙的图腾崇拜，到今天人们仍然多以带有"龙"字的成语或典故来形容生活中的美好事物，龙成了中国的象征、中华民族的象征、中国文化的象征。上下数千年，龙的理念和形象已渗透到了中国社会的各个方面，也包括饮食生活中。早在元代就有"二月二，龙抬头"的记载，这一天要吃龙须面，烙饼是龙鳞，饺子是龙耳龙牙等等；北京的市民要用黍面、枣糕、麦米等油煎成食品，称为薰虫；最忌吃米饭，因为米饭是龙子；闺中妇女忌用针线，以免不小心扎伤龙目；炒玉米，纪念义龙为解人间干旱之苦，甚至不惜冒犯天条。清代时，人们在"龙抬头"这一天还要用白灰从门外蜿蜒撒入厨房，并绕水缸一周，名为引龙回。除了龙抬头的饮食风俗之外，一些食品名称也以龙命名，取其形似或寓意吉祥，如龙虾、龙眼、龙荔、龙须菜、龙虎斗、龙井茶等。

（四）四时之道

按照中国的阴阳学说和五行学说，阴阳平衡是人体健康的必要条件，饮食五味的调和，以合乎时序为美食的一项原则，以此达到"天人合一"的境界。

1. 顺应四时

中国食文化依据调顺四时的原则，调和与配菜都讲究时令得当，应时而制作肴馔，一年四季不同时期的饮食要同当时的气候条件相适应。

《素问·金匮真言论》曰："东方青色，入通于肝，开窍于目……其应四时，上为岁星……其臭臊。"是将在天的方位、季节、气候、星宿、生成数，在地的品类、五谷、五畜、五音、五色、五味、五臭，在人的五脏、五声、五志、病变、病位等进行五行归类，这样就可以通过类别之间的普遍联系，来识别同类运动方式的共同特征及其相互作用规律。阴阳四时，"其华在面""其充在血脉"，《内经》以此为基础，将五脏联系六腑、五官、五体、五志、五声、五情，以五行理论进行阐释，并表现为一种天人合一的综合功能。

《内经》以四季为一个完整的周期，认为四季有时、有位，有五行生克，肝主春、心主夏、肺主秋、肾主冬。其昼夜节律也是将一日按四时分段，人体五脏之气在一天之中随昼夜节律而依次转移，肝主晨、心主日中、肺主日入、肾主夜半（《素问·藏气法时论》）。

早在两千多年前，古人就对饮食养生健身提出了较为系统的办法。饮食的制作、烹饪，可以与四季的气温相比拟，即主食应当温，羹汤应当热，酱应当凉，而饮料与酒应当寒。

饮食顺应四时，顺则为利，逆则为害。

春清，"养阳防风""春气通肝"，饮食清淡，不过度食用干燥、辛辣食物；注重养阴，多吃百合、山药、莲子、枸杞等。

夏调，养心安神，调理心志，调节元气，调理脾胃，养生去火，少吃过咸的食物，多吃小米、玉米、茯苓、麦冬、小枣、新鲜瓜果等。

秋补，养阴防燥，滋阴润肺，适时进补，慎食瓜果，少吃辛辣刺激食品，多吃酸味果蔬、银耳、杏仁、黑芝麻等，补充适当的营养。

冬防，养肾防寒，匿藏精气，温食忌硬，增苦少咸，补充热量，多吃动物性食品和豆类、核桃、栗子、木耳等。

2. 天人合一

中国传统文化的核心是"天人合一"，宇宙自然是大天地，人是小天地，人和自然在本质上是相通的，一切人事均应顺乎自然规律，达到人与自然和谐。老子说："人法地，地法天，天法道，道法自然。"在道家看来，天是自然，人是自然的一部分。因此庄子说："有人，天也；有天，亦天也。"天人本是合一的，"天地者，万物之父母也"。在儒家看来，天是道德观念和原则的本原，人心中天赋地具有道德原则。《内经》主张"天人合一""与天地相应，与四时相副，人参天地"（《灵枢·刺节真邪》），"与天地如一"（《素问·脉要精微论》）。

中医理论知识和饮食文化相结合，使人们在解决温饱问题的基础上可以通过食物来调理身体、预防和治疗疾病。"未病先防，有病防变"，利用饮食来达到营养机体、保持或促进健康、防治疾病。《内经》也有"谷肉果菜，食养尽之，无使过之，伤其正也"，因此，强调天人相应、调补阴阳和审因用膳的观点，这可称为最早的食疗原则，为中国传统的"药食同源"思想奠定了基础。所谓天人相应，是指人体的饮食应与自己所处的自然环境相适应。调补阴阳，是指通过合理饮食的方法来调节人体阴阳的平衡。审因用膳，是指根据个人的机体情况来合理地调配膳食。

《黄帝内经·太素》："空腹食之为食物，患者食之为药物。"《灵枢·五味》："五宜：脾病者，宜食粳米饭、牛肉、枣、葵；心病者，宜食麦、羊肉、杏；肾病者，宜食大豆黄卷、猪肉、栗、藿；肝病者，宜食麻、犬肉、李、韭；肺病者，宜食黄黍、鸡肉、桃、葱等。"名医孙思邈在《千金要方》中提出"凡欲治疗，先以食疗，食疗不愈，后乃用药尔"。由此可知，医和食结合在一起，可以有三个层次：一是"食养"，即注重饮食膳食平衡，使之有利于身体健康，预防疾病，以达到延年益寿的目的。二是"食疗"，即以食为药，以日常食物的一种或数种作为药用，以治疗疾病。三是"药膳"，以药配食，取一味或数味药物入膳。

根据食物的性质，在配伍、季节、时辰、体质、数量等方面，又有一定的适宜和禁忌。如肉食与主食适宜配合的方法：牛肉应与粳米饭配食，羊肉应与黏黄米饭配食，猪肉应与高粱米饭配食，狗肉应与小米饭配食，鹅肉应与麦饭配食，鱼肉应与菰米饭配食。禁忌，即食忌、忌口，"苟全其身，须知切忌者矣"，旨在告诉我们饮食禁忌的重要性。配伍禁忌，如：黄瓜与花生同吃易腹泻；羊肉与西瓜同食会中毒等。季节禁忌，如：春天不宜吃辛辣发散的食物，夏季应忌食肥甘厚腻，少食生冷之品，秋季应忌食性燥和大补之品，冬季不宜食油炸生冷之品。时辰忌，如："早上人吃姜，晚上姜吃人。""早喝盐水如参汤，晚喝盐水如砒霜。"体质忌，如：偏阳者应忌食温热、辛辣、助火之品；偏阴者应忌食寒凉、生冷、伤阴之品等。数量忌，即饮食有节制，不可过量，忌过饱。

四时之道体现的是中国人独特的饮食科学，包括了健康养生之道、人与自然和谐之道，随着时代的变化，这些理论和观念在天人相分的生态观、合理均衡的营养观、个性突出的美食观中，仍有积极的作用和旺盛的生命力。

（五）治国之道

据《礼记·玉藻》载："君子远庖厨，凡有血气之类弗身践也。"看来，君子和"庖厨"无关。但是，老子在《道德经》第六十章里又说："治大国，若烹小鲜。"[1]那么，"君子"到底要不要"近庖厨""烹小鲜"？

1. 君子仁政

何谓君子？君子是孔子的理想化人格。君子以行仁、行义为己任。君子也尚勇，但勇的前提必须是仁义，是事业的正当性。因此，"君子远庖厨"讲的是仁，"凡有血气之类弗身践也"讲的是凡有血气的东西都不忍亲手去杀它们。汉代贾谊在《新书·礼篇》中说："故远庖厨，仁之至也。""见其生，不忍见其死；闻其声，不忍食其肉。"孟子在《梁惠王章句上》中提及"君子远庖厨"，是劝诫齐宣王实行仁术之意。

在先秦典籍中，君子多指"君王之子"，本义就是从政治角度立论的，"君"，从尹，从口。"尹"，表示治事；"口"，表示发布命令。《诗经·小雅·大东》："君子所履，小人所视。"孔颖达《诗经正义》曰："此言君子、小人，在位与民庶相对。君子则引其道，小人则供其役。"《春秋左传·襄公九年》："君子劳心，小人劳力，先王之制也。"后来引申指德性，君子之德在于仁，君子追求的目标是仁义。"仁者不忧"为"三德"[2]之一。孔子把"仁"作为最高的道德原则、道德标准和道德境界。

仁是儒家思想的核心，孔子的仁论是要靠君子论来实现的。孔子所处的时代是一个"礼崩乐坏"的时代，社会秩序处于混乱状态。面对严重的社会危机，各家各派都在寻求医治社会弊病的良方。以孔子为代表的儒家认为，要维护社会秩序，必须恢复周王朝所建立的一整套礼仪规范，但在当时的条件下，完全纯粹的"复礼"已不可能，因此，孔子以"仁"释"礼"，认为"礼"本是根源于人的仁爱之心，是人的仁爱之心的外在表

---

[1]《后汉书·循吏传》："理大国者若烹小鲜也。"《韩非子·解老》："治大国者若烹小鲜。"

[2] 孔子将仁、知、勇当作君子之德，《论语·宪问》："君子道者三，我无能焉：仁者不忧，知者不惑，勇者不惧。"《中庸》："知、仁、勇三者，天下之达德也。"

现,"人而不仁,如礼何?人而不仁,如乐何?"(《论语·八佾》)

君子以行仁义为事业,君子担道行义,以张扬仁义为己任。孔子曰:"君子义以为上。"(《论语·阳货》)孔子认为"仁"就是"爱人",这一观点的源头来自周初的"保民""敬民"思想。所以,孔子认为仁的最高境界是治理有方、为民造福的大仁大义。君子所追求的是正义的事业、伟大的事业,"君子远庖厨"换取的是"仁政"的大舞台。

孟子在孔子仁说的基础上,提出了仁政学说,在政治上提倡"以民为本",改善民生,加强教化,实行王道,反对霸道政治,使政治清平,人民安居乐业。主张"以不忍人之心,行不忍人之政,治天下可运之掌上",认为即使是百里小国,只要行仁政,天下百姓也会归之而王。强调以仁政统一天下,进而治理天下,提倡以德服人的"王道"政治。"仁政"的基本精神就是对人民有深切的同情和爱心,宽厚待民,施以恩惠,有利于争取民心的政治方略。

"圣人治天下,使有菽粟如水火。菽粟如水火,而民焉有不仁者乎?"(《孟子》)儒家认为,民生是治国之本,民以食为天,衣食足,有恒产才有恒心,满足了百姓的衣食需求,国家才能稳固而得到治理。

君子虽远庖厨,但却从未离开庖厨之事:以仁政之心满足天下百姓衣食,没有一顿饭的时间背离过仁德。"君子去仁,恶乎成名?君子无终食之间违仁。"(《论语·里仁》)

2. 无为而治

春秋战国时期,社会秩序混乱,诸子百家都在寻求医治社会弊病、治理国家的良方,除了儒家的仁政外,还有墨家兼爱非攻的平乱之术,以及道家无为而治的救世之方。"治国如同做菜"的故事,就是以老子为代表的道家思想之一。

老子在《道德经》里说"治大国若烹小鲜",意思是治理大国就像烹调美味的小菜一样。鱼味为鲜,小鲜也指小鱼。《诗经·桧·匪风》《毛诗故训传》里说:"烹鱼烦则碎,治民烦则散,知烹鱼则知治民。"也就是说:烹小鲜不可扰,治大国不可烦。烦则人劳,扰则鱼溃。"烹小鱼不去肠,不去鳞，不敢挠，恐其糜也。"《韩非子·解老》篇："事大众而数摇之，则少成功；藏大器而数徙之，则多败伤；烹小鲜而数挠之，则贼其泽；治大国而数变法，则民苦之。是以有道之君贵静，不重变法。故曰：'治大国者若烹小鲜。'"

"治大国若烹小鲜"的治国之道就是无为而治。《吕氏春秋·察今》里有"一鼎之调"的说法，"调"指的是"调和鼎鼐"，意思是在鼎里调和食物，也用来比喻宰相之职，指辅佐皇帝治理国家。可见，"烹"和"调"本身就有治国之寓意。

无为而治是一种道家哲学和管理智慧，闪烁着辩证法的光芒。无为而有为，并非真正的无为，而是韬光养晦的收放自如。"治大国若烹小鲜"是一种高超的治国艺术，大小之间有着一种举重若轻的潇洒和淡然。如同技艺高超的厨师一样，烹煮一条小鱼，只需油盐酱醋恰到好处，但不能随便翻搅它，否则它就烂了。同样，治理一个国家，也不能过多地、随意地人为干预，而是要有所为、有所不为，让国家机器在既定的规则下自发地良性运转。只有如此，才能达到"一国之政犹一身之治"的至高境界。

3. 开放合作

2014年4月，习近平总书记在比利时布鲁日欧洲学院谈到中欧两大文明时，用著名的"茶酒之喻"诠释了不同文明"和而不同"的道理，把中国饮食文化的特点带到了今天的世界舞台上。他说："茶的含蓄内敛和酒的热烈奔放代表了品味生命、解读世界的两种不同方式。但是，茶和酒并不是不可兼容的，既可以酒逢知己千杯少，也可以品茶品味品人生。"在这里，中国茶成了中国文明的传播者，中国饮食成了贴近生活、最易感知的中国文化符号，其深厚的内涵为中国文化走向世界、吸纳和包容世界文明提供了广博的空间。

一个国家选择什么样的治理体系，是由这个国家的历史传承、文化传统、经济社会发展水平决定的。20世纪70年代以来，我们提出了改革开放的基本方针，今天又勾画了"一带一路"和中国梦的蓝图。如果没有文明的继承和发展，没有文化的弘扬和繁荣，怎么可能有中国梦的实现。

中国食文化的兼容并包和多样性，是几千年来中国人智慧的结晶，是中国人关于人与人、人与社会、人与自然和谐相处关系的真谛和博大精深的思想体系。

2013年3月19日，习近平接受金砖国家媒体联合采访时，针对治理国家之道提出："老百姓的衣食住行，社会的日常运行，国家机器的正常运转，执政党的建设管理，都有大量工作要做。对我来讲，人民把我放在这样的工作岗位上，就要始终把人民放在心中最高的位置，牢记人民重托，牢记责任重于泰山……要有'如履薄冰，如临深渊'的自觉，要有'治大国，若烹小鲜'的态度，丝毫不敢懈怠，丝毫不敢马虎，必须夙夜在公、勤勉工作。"用这样的引经据典，以示自己的勤政之心；用烧饭做菜之理，以示大国"掌勺者"的专业技能，既不操之过急，也不怠慢，油盐酱醋恰到好处，火候适当，无疑对于对外开放交流与合作有着生动形象的促进作用。

中国食文化的烹饪之道、调和之道、做人之道、四时之道、治国之道，都体现在食之味上，这个味"道"集中在饮食的"精、美、情、礼"中。唯其"精"，才能有完整的"美"；唯其"美"，才能激发"情"；唯其"情"，才能有合乎时代的家国之"礼"。以家之烹，调国之法，养健康人生，得爱民强国之心。

# 第三章  文  情

　　文学是用语言塑造形象来反映社会生活的一种语言艺术，是文化中极具强烈感染力的重要组成部分。其感染力的核心，来源于"情"，脱离"情"字，文学便不成其为文学，艺术也就没有了生命与灵魂。无论是山水情、故乡情、人伦情，还是民族情，中国古典文学作品的字里行间，凝聚了中国人的情感体验和思维方式。正如司马迁在《报任安书》中所称："盖文王拘而演《周易》，仲尼厄而作《春秋》；屈原放逐，乃赋《离骚》；左丘失明，厥有《国语》；孙子膑脚，兵法修列；不韦迁蜀，世传《吕览》；韩非囚秦，《说难》《孤愤》；《诗》三百篇，大抵圣贤发愤之所为作也。"中国传统文化养育了中国古典文学，中国古典文学又极大地丰富了中国传统文化，使传统文化具有更深刻的影响力。

## 一、中国古典文学的辉煌成就

　　文学是文化的重要表现形式，是文字意义的特殊组合方式，即以语言文字为工具，以不同的体裁为形式，形象表现社会生活、内心情感的艺术。因此，文学作品可以看成是作家用独特的语言艺术表现其独特的心灵世界的作品。中国古典文学包括从远古时代流传下来的原始诗歌和神话传说，一直到"五四"以前具有典范性的文学作品。一般分为先秦文学、两汉文学、魏晋南北朝文学、唐宋文学、元明清文学，形式有诗、词、曲、赋、散文、小说等。

## （一）原始时代文学

原始时代文学以原始诗歌、原始神话、原始歌舞为主。

诗歌是中国最早出现的一种文学体裁，源于原始人的劳动呼声，是一种有声韵、有歌咏的文学形式。劳动创造了人类，在长期的劳动实践中，人类的思维和语言得到了发展，这是诗歌赖以产生的基础。原始人在生活实践中，产生了交往和抒发感情的需要，在劳动过程中，除了借助语言之外，人们为了减轻疲劳、协调动作，经常会发出一些有节奏、长短不齐、抑扬顿挫的呼声，这种呼声就是歌唱的前身。原始诗歌就是没有文字记载时，人们在劳动中创作的歌谣，它是中国文学最早的文学样式，依靠口耳相传流传下来，起源于人类早期的生活实践，和人们的劳动生活密切相关，是原始人类集体劳动生活的反映。据《淮南子·道应训》记载："今夫举大木者，前呼'邪许'，后亦应之，此举重劝力之歌也。"《礼记》中也有"邻有丧，舂不相"的记载。"相"即送杵声，它与"邪许"都是为了减轻疲劳、提高工作效率而呼喊的劳动号子。

当然，这种简单的劳动呼声还不是真正的诗歌。当人们在有声无义的呼声中加入简单的语言，就形成了最简单的诗歌。如《吕氏春秋·音初篇》中记载的《候人歌》的"候人兮猗"，就是在"兮""猗"两个语气词上，加上"候人"二字。据说这是禹治水时，其妻涂山氏之女派人等候禹时所作。从中可以看出原始歌谣与那些有声无义的呼声的联系。

中国最早的诗歌，是一首二言诗，出自《吴越春秋》（东汉赵晔）卷九中记载的《弹歌》："断竹，续竹，飞土，逐宍。"（去砍伐野竹，连接起来制成弓；打出泥弹，追捕猎物。）短短的四句八字，是春秋时期，越王勾践询问弓箭之道时，楚国射箭能手陈音回答的制作工具、获取猎物的全过程。运用了省略、多用和巧用动词的表现手法，富于动感，以入声[1][-p][-t][-k]收韵，用字简略，韵脚工整，句短调促，节奏明快，读来很有情趣，具备了诗歌的雏形。

但并非所有的原始歌谣都直接产生于劳动过程，事实上，它们往往

---

[1] 古声调，发音短促急收，如：逼、急、你、立等字。

与原始的祭祀和宗教仪式有关，是一种集诗、乐、舞于一身的综合艺术形式。《吕氏春秋·古乐篇》中记载的"葛天氏之乐"[①]就是原始部落的人们祈祷或庆祝丰收的歌舞。

神话是古代人民对自然及社会的理解与想象的故事，是人类早期不自觉的艺术创作。神话的产生是用想象和幻想的方式征服自然、支配自然，把自然力加以形象化的结果。远古时代，生产力和科学发展水平很低，人们对身边的很多现象不能理解，无法控制，于是他们借助想象，把客观世界拟人化，编织出许多奇异的故事，借以解释世界，表达各种生活愿望。神话是早期人类的宇宙观，其中打上了原始社会生活的印记，也反映了原始思维的特点。

中国古代原始神话产生较早，但大都没有完整地保存下来，只散见于后来的《楚辞》《山海经》《淮南子》《太平广记》等古籍记载中，并且被不断地历史化、文学化、宗教化。如：创世神话盘古开天、伏羲创世、女娲补天、鸡人创世等，自然神话鲧禹治水、夸父追日、后羿射日、精卫填海、混沌凿窍等，英雄神话炎黄之战、刑天断首、太一祭仪、黄帝四面、天子明堂等。其中，成书于战国秦汉之际的《山海经》，被称为古代巫书，保存的神话最多，最接近原始形态。《山海经·北山经》记载了精卫填海的故事："炎帝之少女名曰女娃。女娃游于东海，溺而不返，故为精卫，常衔西山之木石，以堙于东海。"精卫也称"冤禽""誓鸟""志鸟""帝女雀"。由此而来，"衣冠禽兽"一词曾经指的是一种明代官服，在官服上，文官绣禽，武将绘兽。

原始神话为文学创作提供了丰富的素材，以及诗性思维和精神动力。在历史化的过程中，许多原始神话被改造成了古史传说。同时，在儒家倡导的"不语怪、力、乱、神"的原则下，对原始神话中的荒诞成分加以删除或重新解释。

---

[①] 葛天氏之乐是中国古乐名。《吕氏春秋·古乐》："昔葛天氏之乐，三人操牛尾，投足以歌八阕：一曰载民，二曰玄鸟，三曰遂草木，四曰奋五谷，五曰敬天常，六曰建帝功，七曰依地德，八曰总禽兽之极。"

## （二）先秦文学

文学的产生和发展与历史文化大致同步，原始歌舞、原始诗歌和造型艺术的发展，为文学的产生奠定了基础，尤其是文字产生以后，文学自然而然就脱离了传说时期，由口耳相传的文学发展成了书面文学。

先秦文学是中国古典文学发生发展的最早阶段，是中国文学的光辉起点，跨越原始社会、奴隶社会和早期封建社会三种社会形态，经历了从胚胎萌芽到生长成熟的漫长过程，直到周代蔚为大观，诗歌、散文、辞赋等文学形式一应俱全。其中，《诗经》和《楚辞》建立了中国古代诗歌现实主义和浪漫主义的丰碑；史传散文和诸子百家散文，奠定了中国古代散文的优良传统。从文学艺术的起源、文学体裁的产生、思想体系的形成、艺术手法的探索、文学流派的开创等方面来看，先秦文学都具有创始性的意义，为我国两千多年的文学发展打下了坚实的基础。

### 1.《诗经》

《诗经》是我国第一部诗歌总集，编成于春秋时期，大抵是西周初年至春秋中叶500年间的作品，现存305篇，分《风》（160篇）、《雅》（105篇[①]）、《颂》（40篇）3个部分，运用了赋、比、兴的表现手法，又被称为"诗经六义"，代表了2500多年以前诗歌创作的最高成就。

西周时期，完备的礼乐制度为后世开创了一条具有典范意义的文治之道，因此，《诗经》具有典型的政治和道德意义。《诗经》中的乐歌成为各种典礼仪式的一部分；《诗经》中的篇章成为文人娱乐或表达对社会和政治问题看法的手段，并被作为贵族教育中普遍使用的文化教材，成为贵族人士必需的文化素养。《诗经》被儒家奉为经典，成为六经和五经之一。孔子教育弟子读《诗经》以作为立言、立行的标准。先秦诸子中，孟子、荀子、墨子、庄子、韩非子等人在说理论证时，多引述《诗经》中的句子以增强说服力。《诗经》中的语言美化、曲折表达、赋"诗"言志功能，成为"诗教"的主要内容，使人变得"温柔敦厚"，实现"经国家，定社稷，序民人，利后嗣"（《左传·隐公十一年》）的本质。

---

[①]《大雅》31篇、《小雅》74篇，《小雅》中有6篇有目无诗，不计算在内。

如《诗经·国风·秦风·蒹葭》:"蒹葭苍苍,白露为霜。所谓伊人,在水一方。溯洄从之,道阻且长;溯游从之,宛在水中央。蒹葭萋萋,白露未晞。所谓伊人,在水之湄。溯洄从之,道阻且跻;溯游从之,宛在水中坻。蒹葭采采,白露未已,所谓伊人,在水之涘。溯洄从之,道阻且右;溯游从之,宛在水中沚。"对恋人的思念,一波三折,通过事实的虚化、意象的空灵,宛转地象征了相思的整体意境。诸如此类的例子,在《诗经》中比比皆是,如《诗经·郑风·风雨》《诗经·卫风·木瓜》《诗经·王风·采葛》《诗经·小雅·采薇》等,其中,"投桃报李""一日不见如隔三秋"等,几乎成为家喻户晓的佳句,相比后世的直白要文雅含蓄得多。

《采葛》

2. 散文

春秋战国时期,诸侯异政,百家异说,分裂的政治局面为思想的活跃和言论的自由创造了客观条件。儒家有传播仁义道德的自由,道家就有蔑弃仁义道德的自由,纵横家也有以利害关系取代仁义道德的自由。面对旧制度的日益式微、旧秩序的日益破坏、兼并战争的日益频繁,诸子百家的治世良方形成各种独立的思想体系。为了更有效地传播自己的思想观念,人们竞相探寻最为合适的表达方式和最为美妙的语言技巧,从而形成各自特有的文学审美情趣,这就是先秦散文。

先秦散文主要有史传散文和诸子散文,分别以叙事和说理为主。

（1）史传散文。

史传散文有《春秋》《左传》《战国策》《国语》《公羊传》11卷、《穀梁传》11卷、《邹氏传》11卷、《夹氏传》11卷等。《春秋》是孔子改编的鲁史，是战国最早的一部编年史。《左传》全书30卷，详细记叙了春秋时代各国的政治、外交、社会事件以及某些代表人物的活动，具有很高的文学成就，创造了多样的精密的篇章结构和富有魅力的文学语言，生动描绘了一系列人物形象，尤其擅长以委曲尽致的笔调来写复杂的战争事件，情节紧张而极富戏剧性，成为后世叙事散文的典范。《战国策》也称《国策》，是对战国时期各国史官或策士作品的辑录，经西汉刘向整理，编为33卷，主要记叙了当时谋臣、策士游说各国或相互辩论时所提出的政治主张和斗争策略，有传记、故事、论辩、书信，重语言艺术，大量运用了夸张、比喻、排比等手法，杂以寓言故事。《国语》共21卷，为左丘明所作，重点记叙了各国历史中的若干事件，文字朴实平易，长于记言，善于描写人物神态。

《春秋》书影

（2）诸子散文。

诸子散文分为三个时期：一是春秋末年和战国初年，主要作品有《论语》《老子》《墨子》等，多用韵，词约义丰；二是战国中叶，主要作品有《孟子》《庄子》等，文辞比前一个时期繁富，说理畅达；三是战国末期，主要作品有《荀子》《韩非子》等。诸子散文中有代表性的文章均逻辑严谨，文辞绚丽，在描写人物时，以表现人物性格和行为见长，人物的音容笑貌栩栩如生。如《论语》中的孔子弟子子路，重点描写他的直率、鲁莽、刚烈的性格；颜渊则描写他的沉默好学和安贫乐道。而佳句也颇多，如"岁寒然后知松柏之后凋也""三军可夺帅也，匹夫不可夺志也"等。《庄子》以"寓言""重言""卮言"来表达思想，庄子认为世人都"沉浊"，不可以"庄语"，故以"谬悠之说，荒唐之言，无端崖之词"的"寓言""重言"，艺术上富有浓郁的浪漫主义色彩和诗意。如《逍遥游》开头写"北冥有鱼，其名为鲲，鲲之大，不知其几千里也。化而为鸟，其名为鹏，鹏之背不知其几千里也。"《荀子》《韩非子》以说理见长，议论风生，沉着浑厚，风格峻峭犀利，论理精细周密。

（3）楚辞。

楚辞，出现于战国时期，是指以具有楚国地方特色的乐调、语言、名物而创作的诗赋。西汉末年，刘向辑录屈原、宋玉、唐勒、景差以及西汉贾谊、淮南小山、东方朔、庄忌、王褒等和他自己的辞赋汇为一集，共16篇，编成《楚辞》一书。

《楚辞》中以屈原作品最多，质量最高，屈原的《离骚》是楚辞的代表作，故后人又称楚辞为"骚体"。《离骚》是我国古代最长的一首抒情诗，共373句，2490字，诗中表现了诗人的崇高理想和炽热感情，闪耀着震撼人心的理想主义光彩，分为8个部分。除《离骚》外，屈原还有《九章》《九歌》《天问》等代表作品。

楚辞在中国文学史上有着特殊的意义，表现了南方楚国文化的美学特质，以及屈原不同寻常的政治经历和卓异的个性品质，造就了屈原作为中国文学史上第一位伟大诗人的地位。光辉灿烂的楚辞文学，与《诗经》一起共同构成中国诗歌史的源头。

（三）两汉文学

汉代文学受儒家正统思想支配，有着浓厚的因袭复古之风，以五经为祖祢，以圣贤为准则，重师法传承、章句治经，但同时也受道家异端思想的影响，追求创新进取的自然文学观，带有典型的双向性。由于受黄老思想、屈宋楚辞的影响，加上经济发达、国力强盛、统治者对赋的喜爱和提倡，为汉赋的兴盛提供了雄厚的物质基础和文化氛围，致使汉赋成为汉代400年间的主要文学样式。同时，历史散文和政论散文突出，诞生了中国第一部纪传体通史《史记》，乐府诗和五言诗成就显著。

1. 汉赋

赋体的主要特点，是铺陈写物，"不歌而诵"，接近于散文，介于诗歌和散文之间，韵散兼行，是诗的散文化、散文的诗化。汉赋兼收并蓄《诗经》、楚辞、先秦散文等诸种文体，形成了一种容量宏大且颇具表现力的综合型文学样式，有骚体赋、大赋、小赋之分。尤其是吸收了楚辞辞藻华丽的特点和夸张的手法，往往辞赋连称，"楚辞汉赋"不分，西汉初年的"骚体赋"是其代表，代表作品有贾谊的《吊屈原赋》《鹏鸟赋》。大赋正式形成的标志是枚乘的《七发》，也标志着汉赋的正式形成，汉武帝和汉成帝时代，是汉赋的全盛时期，司马相如、扬雄为主要代表，司马相如的大赋是汉赋的顶峰，代表作有《子虚赋》和《上林赋》等，班固的《两都赋》、张衡的《二京赋》也为汉大赋力作。张衡的《归田赋》则开启了抒情小赋的先河，一扫汉赋载道、模仿、颂谀旧习，创造出一种淡泊、浪漫、清新的风格，表现了作者在朝政日下的情况下归隐田园的乐趣，对魏晋时期抒情赋的产生有重要影响。

2. 散文

两汉散文以历史散文和政论散文最为突出。司马迁的《史记》以人物为中心来反映历史，创立了纪传体史书的新样式，也开辟了传记文学的新纪元，是汉代最辉煌的成就。东汉班固的《汉书》与之齐名。政论文中名篇佳作迭现，其中包括：贾谊的《过秦论》《论治安策》，晁错的《论贵粟疏》，桓宽的《盐铁论》，王充的《论衡》，王符的《潜夫论》，仲长统的《昌言》等。

《史记》是中国第一部纪传体通史，共130篇，采用第三人称的客观叙述，"寓褒贬于叙事之中"。司马迁的人格和实录精神，深刻影响到后世作家的创作态度和创作方法，开创了中国传记文学的先河，其笔法直接影响到唐宋文学家，对唐传奇乃至明清小说和戏剧创作都有深远的影响。在体例上，《史记》分为五大部分，即本纪，记帝王之事；世家，述诸侯之事；列传，叙人臣之事；表，即表格形式的大事记；书，即典章制度。《史记》通过这5个部分相互配合、相互补充，构成了完整的历史体系，成为中国历代史书的基本形式。中国的"二十四史"，即以《史记》为首。鲁迅称《史记》为"史家之绝唱，无韵之离骚"。

《汉书》是中国第一部纪传体的断代史著作，是继《史记》之后的又一部富有散文文学特色的史学巨著。其体例基本上承袭《史记》，改"书"为"志"，创"刑法""五行""地理""艺文"四志，并将"世家"取消，与"列传"合并，统称为"传"，使《汉书》形成一种新的面貌。《汉书》共有十二纪、八表、十志、七十传，共一百篇。

两汉期间，除历史散文外，政论散文也较突出。西汉初期，适逢新王朝建立之初，文人写作常胸怀雄心壮志，把写作与现实政治紧密联系起来，总结秦朝的经验教训，为新王朝提供治国安邦的良策。代表作品是贾谊的《过秦论》、晁错的《论贵粟疏》等。

3. 诗歌

两汉诗歌以乐府诗和五言诗成就最为显著。两汉乐府诗是继《诗经》、楚辞之后的又一种新诗体，著名的《孔雀东南飞》是乐府诗中的叙事长篇，后人把它与北朝的《木兰诗》和唐代韦庄的《秦妇吟》并称为"乐府三绝"。《古诗十九首》则代表了汉代五言诗的最高成就。

乐府，作为一种音乐机构，始于秦代。西汉沿袭秦朝体制，汉武帝时，扩大了乐府的规模和职能，"采诗"成为乐府最引人注目的新职能。据《汉书·艺文志》记载："自孝武立乐府而采歌谣，于是有赵、代之讴，秦、楚之风，皆感于哀乐，缘事而发，亦可以观风俗，知厚薄云。"这类诗歌源自民间，为了与文人创作的乐府歌辞相区别，又称为"乐府民歌"。现存汉乐府民歌数量虽然不多，但内容广泛，以叙事为主，大多反映下层民众的生活和情绪，《陌上桑》和《孔雀东南飞》是叙事诗的代表作。

汉乐府民歌的形式多种多样，有三言、四言、五言、六言及杂言种种，其中最常用的是新兴的杂言和五言诗。杂言诗句式、字数不一，有整有散,灵活多变。五言诗形式则十分整齐,其形成受到北方少数民族音乐和军乐的影响,如《十五从军行》等。这种诗体较《诗经》、楚辞的四言诗和骚体诗都有明显的进步,代表了当时的诗歌形式发展的新趋势,此后几百年间,成为文人创作的主要形式。班固的《咏史》被认为是现存最早的一首文人五言诗,《古诗十九首》是文人五言诗中最杰出的代表,因作者不明,被后人泛称为"古诗",至梁代被萧统选编入《文选》。

(四)魏晋南北朝文学[①]

魏晋南北朝是中国历史上政权更迭最频繁的时期。长期的封建割据和连绵不断的战争,使社会处于动荡不安中,反而催生了一个充满活力的文学创新期,诗歌、辞赋、散文、小说等体裁,在这一时期都出现了新的时代特点,并奠定了它们在此后的发展方向。文学理论和文学批评出现高峰,众多的文学流派形成,文学群体性现象突出。

1. 诗歌和小说

魏晋南北朝文学是典型的乱世文学,文学作品在摆脱两汉经学的束缚中,抒发个人的生活体验和情感,对文学的情采、声律、用事用典、对偶修辞等审美特性有了自觉的追求。文人追求"魏晋风流"。建安时期,大量作家和作品涌现出来,被称为中国古代文学的黄金时代、"俊才云蒸"的时代,各种文体都得到了发展。尤其是诗歌打破了汉代四百年沉寂的局面,注重诗歌的形式美,即声律、对偶、用事等语言技巧和格律的完善,以及四声的发现及其在诗歌中的运用。古体诗得以完善,新体诗得以形成。这个时期,五言诗、七言诗开始兴盛,为后来近体诗的出现做好了各方面的准备,也为唐诗的高峰奠定了基础。小说为笔记体小说,采用文言,篇幅短小,记叙社会上流传的奇异故事,人物的逸闻逸事或其只言片语,虽然是描写真实事情,缺少艺术虚构,但在故事情节的叙述、人物性格的描写等方面都已初具规模。

魏晋南北朝时期,文学作品充满了漫长的战乱时代特有的基调,即感叹人生的短促、生命的脆弱、命运的难卜、祸福的无常、个人的无能为力

---

[①] 聂石樵:《魏晋南北朝文学史》,中华书局2007年版。

等等，这种个人命运悲剧性的基调，带来的是行为的放达，如：及时行乐或沉迷声色。同时，许多文人卷入政治斗争招致杀戮或死于战乱的政治处境，又使文学作品带上了浓厚的政治色彩。从而，文学创作过多地涉足生死、游仙、隐逸等一些共同主题，形成这个时期的一种特殊的文学景观。其中，药和酒成为乱世之下解除或渲染人生痛苦的常见方式，与文学结下了不解之缘。

动乱的社会现实，对人的生命形成严重的压抑与摧残，又反过来促使人们认真严肃地反思生命的价值。这样，人生追求的总体取向，便由传统的群体意识转向了个体意识，由此带来了自我意识的觉醒。而这种生命的自觉，又是以儒家思想的委顿和道家思想的煽炽为契机的。在以道家思想为主体的玄学风气中追求个体人格的独立与自由，反对人性的异化与束缚，重视心灵的超越与解放，蔚然成为时代的总体倾向。因此，钱穆先生在《国学概论》中说："魏晋南北朝三百年学术思想，亦可以一言以蔽之，曰个人自我觉醒是已。"

2. 文学理论

魏晋南北朝时期被认为是中国文学的自觉时期。所谓文学自觉往往与文学理论、文学批评、文学创作的繁荣联系在一起。在这个时期的文学创作中，建安文学出现了"建安风骨"这一时代的创作风格，陶渊明开创田园诗、谢灵运对玄言诗的革新和大力写作山水诗、汉语四声的发现和"永明体"的产生、南北朝民歌的创作等都反映了这一时期文学创作的繁荣。同时，从人物品评到文学品评、从文体辨析到总集的编辑，文学理论和文学批评也异常繁荣。曹丕（魏）《典论·论文》、陆机（西晋）《文赋》、刘勰（梁）《文心雕龙》、钟嵘（梁）《诗品》等论著，以及萧统（梁）《文选》、徐陵（陈）《玉台新咏》等文学总集的出现，形成了文学理论和文学批评的高峰。其中，刘勰《文心雕龙》的出现，标志着中国文学理论和文学批评建立了完整的体系。

魏晋南北朝时期的文学理论和文学批评，致力于将文学从学术中区分出来，进而探寻文学的特点、文学本身的分类、文学创作的规律，以及文学的价值。汉代，儒家诗占统治地位，强调诗歌与政治教化的关系，诗歌被视为"经夫妇、成孝敬、厚人伦、美教化、移风俗"（《诗大序》）的工具，诗歌本身的特点和规律并没有引起应有的重视。魏晋以后，诗学摆脱了经学的束缚，整个文学思潮的方向脱离儒家强调的政治教化需要，寻找文学自身独立存在的意义，提出了风骨、风韵、形象，以及言意关系、形神关系等一些崭新的概念和理论，形成了重意象、重风骨、重气韵的审美思想。诗歌求言外之意，音乐求弦外之音，绘画求象外之趣，各类文艺形式之间互相沟通的这种自觉的美学追求，标志着一个新的文学时代的到来。《文心雕龙·总术》曰："今之常言，有文有笔，以为无韵者笔也，有韵者文也。"文学从广义的学术中分化出来，成为独立的一个门类。文学的各种体裁有了比较细致的区分，尤其是对各种体裁的体制和风格特点有了比较明确的认识。如：曹丕在《典论·论文》中，将文体分为四科，并指出其各自的特点，即"奏议宜雅""书论宜理""铭诔尚实""诗赋欲丽"；《文赋》则进一步将文体分为十类，并对每一类的特点进行论述；《文心雕龙》将文体分为三十三类；等等。魏文帝曹丕实行九品中正制以后，人物品评的风气更加兴盛。刘邵①（魏）的《人物志》总结了鉴察人物的理论和方法，特别重视人的材质，形成才性之学；刘义庆（宋）《世说新语》的《识鉴》《赏誉》《品藻》《容止》等文，记载了许多品评人物的生动事例。

3. 群体性风格

东汉后期，士大夫中出现了一些世家大族，他们在政治、经济和文化上占据着特殊的地位。魏晋以后，佛教在中土传播，魏文帝曹丕建立九品中正制，中正官把持在士族手中而形成"上品无寒门，下品无势族"（《晋书·刘毅传》）或"王与马，共天下"（《晋书·王敦传》）的局面，士族子弟经过中正品第入仕，形成世代相传的士族门阀贵胄，南朝以后门阀势力逐渐衰微。文学家族的大量出现，以宫廷为中心的文学集团，以及集团内部的趋同性，使这一时期的文学呈现出一种群体性的风格。

---

① 或作"劭""邵"。

文学作品中形成重视门第的风气。表现为对宗族关系和伦理观念的强调，追述或炫耀自己宗族门第的作品，规诫子弟，以及绍续家风、重振家业的愿望和使命感等等，例如：王粲《为潘文则作思亲诗》、曹植《责躬》、潘岳《家风诗》、陆机《与弟清河云诗》、陆云《答兄平原诗》、左思《悼离赠妹诗》、潘尼《献长安君安仁诗》《赠司空掾安仁诗》、谢混《戒族子诗》、陶渊明《命子》《赠长沙公》等。

文学家族中，有三曹（曹操及其子曹丕、曹植）；阮瑀及其子阮籍、阮籍侄阮咸；嵇康及其子嵇绍、绍从子嵇含；三张（张载及其弟张协、张亢）；二陆（陆机、陆云兄弟）；两潘（潘岳及其从子潘尼）；傅玄及其子傅咸；谢安及其孙谢混、谢混及其族子谢灵运、谢瞻、谢晦、谢曜，谢灵运及其族弟谢惠连、其同族谢朓；萧衍及其子萧纲、萧绎等。

文学群体以"建安七子"为代表，与"三曹"一起，在古代文学史上占有重要的一席之地。"七子"指的是孔融、陈琳、王粲、徐幹、阮瑀、应玚、刘桢。作为对建安文学精神的继承，之后，又有了由七位名士组成的"竹林七贤"（嵇康、阮籍、山涛、向秀、刘伶、王戎、阮咸）。

除此之外，文学创作风格的不同，也使这一时期的文学流派自成一体，如左思、刘琨、郭璞、陶渊明等一批杰出和优秀的代表。其中，以陶渊明成就最高。陶渊明的田园诗，与谢灵运的山水诗，因风格迥异，被称为"陶田园"和"谢山水"，对唐宋诗人有很大的影响。陶渊明的田园诗，大多表现诗人守志不阿的高尚节操和对淳朴田园生活的热爱、对理想世界的向往之情，语言纯朴自然、意境高远拔俗，如"采菊东篱下，悠然见南山""我醉欲眠卿可去""日暮天无云"，杜甫诗云："宽心应是酒，遣兴莫过诗。此意陶潜解，吾生后汝期。"谢灵运的山水诗，则是把自然界的美景引进诗中，使山水成为独立的审美对象，他不仅把诗歌从"淡乎寡味"的玄理中解放了出来，而且加强了诗歌的艺术技巧和表现力，自称"天下才共一石，曹子建独得八斗，我得一斗，自古及今共用一斗"。唐代伟大的浪漫主义诗人李白在《梦游天姥吟留别》中写道："谢公宿处今尚在，渌水荡漾清猿啼。脚著谢公屐，身登青云梯。"

陶渊明

## （五）唐宋文学

中国诗词是汉字文化圈的重要特色，也是中国文学在世界文学里展现独特魅力的重要代表，而唐诗宋词正是中国文学史上两颗璀璨的明珠，它代表着中国诗词文化的鼎盛。2016年新春萌动之际，央视推出了首季为期2个月的《中国诗词大会》综艺节目，受到追捧，第二年再度开播时，即创下累计11.63亿人次的收视率，足以证明中国的诗词之美与诗词之趣，是中华民族根深蒂固的文化基因，人们对中国文化中最精致文字的某种膜拜，让中国人笃定地相信生活中的"远方"总能与"诗"相遇。

### 1. 唐诗

唐代中国是当时世界上的强国，政治开明、经济强盛、文化和外交活跃，声誉远扬海外。人们思想开放，各家思想兼容并蓄，儒释道兼用，思想禁锢非常少，为文学的繁荣发展创造了思想环境。唐代文学的空前繁荣，表现为文学形式百花齐放，以诗歌、小说、戏剧为代表。起源于先秦的诗，到了唐代进入鼎盛时期；小说以唐传奇和变文为代表，标志着小说开始走向成熟；戏剧受西域戏剧和古印度梵剧的影响，形成了以"全能戏、歌舞戏、参军戏、傀儡戏"为代表的唐朝戏剧。科举制度开启了"朝为田舍郎，暮登天子堂"的局面，文人社会地位提高，可以凭诗赋入仕。

在繁荣的唐代文学中,"诗歌"最为光彩夺目。唐代是中国诗歌发展的黄金时代,是诗的时代,强大的国力、兼收并蓄的文化精神与丰厚的文化积累,为唐诗的繁荣准备了充足的条件。唐代诗人辈出,流派众多,形式多样,众多伟大、杰出的诗人把中国诗歌艺术的发展推向高峰,今天可考的唐诗作者3700多人、可见存世唐诗54000余首。仅《全唐诗》序的记载,就有唐代知名诗人2529人、诗歌42863首。唐诗不仅继承了汉魏民歌、乐府诗的传统,而且还发展了歌行体的样式;不仅继承了前代的五言、七言古诗,并且将其发展为叙事言情的鸿篇巨制,创造出了近体诗。近体诗的创造和成熟,是中国诗歌发展史上的一个里程碑,它把中国古曲诗歌的音节和谐、文字精练的艺术特色,推到了前所未有的高度,为古代抒情诗找到了一个最典型的形式,主要类别有律诗和绝句。

按照传统的"四分法",唐代文学分为初唐、盛唐、中唐、晚唐四个时期,各个时期有不同的代表诗人。

初唐时期,有"初唐四杰",即王勃("诗杰")、杨炯、卢照邻、骆宾王,以及陈子昂("诗骨")、沈佺期、宋之问等人。

盛唐时期,流派众多,浪漫主义诗人"诗仙"李白、现实主义诗人"诗圣"杜甫雄视千古,为一代之冠,正如韩愈所言"李杜文章在,光焰万丈长";另有王维("诗佛")、孟浩然代表的田园诗派,高适、岑参("诗雄")代表的边塞诗派;张若虚、贺知章("诗狂")、张旭、包融为代表的"吴中四士"等。

王维《相思》

中唐时期，前期有山水诗代表刘长卿（"五言长城"）、韦应物等，边塞诗代表卢纶、李益等；后期有白居易（"诗魔"）、元稹的新乐府诗派，韩愈、孟郊、李贺（"诗鬼"）、卢仝、马异、刘叉等代表的韩孟诗派和山水诗人刘禹锡（"诗豪"）等。

晚唐时期，帝国在从强盛走向衰落的过程中，诗人们更多关注的是社会危机和民众的苦难，代表诗人有温庭筠、李商隐（"七律圣手"）、杜牧、韦庄等。其中，因成就和影响之大，李商隐和杜牧，又被称为"小李杜"。

2. 宋词

宋代通过军事征伐和外交活动，逐渐结束了晚唐五代以来的分裂局面，使动荡不安的社会进入了相对稳定的时期。北宋初年，一系列缓和社会矛盾的措施，使得部分地区出现了"稻穗登场谷满车，家家鸡犬更桑麻"的富裕景象，农业、手工业、商业和冶矿、纺织、瓷器、印刷业都迅速发达起来，为宋代文学的发展提供了有利的社会条件。尤其是活字印刷的出现，使大量书籍得以迅速刊行于世，促进了文化知识的传播和交流，扩展了文人学者的视野，提高了人们著书立说的兴趣。

宋代文学主要涵盖了宋代的词、诗、散文、话本小说、戏曲剧本等等，其中词的创作成就最高。由于文学本身发展的规律，以及社会政治经济的发展向文学提出新的要求，宋代文学总体上处于一个承前启后、过渡的转变阶段，文人以平实的语言创作，内容多反映生活时弊，从"雅"到"俗"，进而雅俗共赏的转变时期。宋诗在继承唐诗的基础上，发生了显著的新变化，由于宋代思想界提倡"道学"或"理学"，讲究"推理以存义"（程颐《答扬时论西铭书》），使得宋诗带有浓厚的说教色彩，形成了自己的特点，并出现又一个诗歌高潮，作品众多，远超唐朝，如现存苏轼诗2700多首、杨万里4000多首、陆游近万首，而唐代李杜分别为近千首和1400多首。宋代散文是中国散文史上一个重要的发展阶段，"唐宋古文八大家"中，宋人就占了六位（欧阳修、苏洵、苏轼、苏辙、王安石、曾巩），宋代散文建立了一种稳定而成熟的散文风格，即平易自然、流畅婉转，并使宋代文学带有一种普遍的散文化倾向。宋代的小说"话本"和戏曲为元明清小说、戏曲的大发展准备了良好的条件。

宋代是词的时代，宋代文学最高成就的标志是宋词，宋词与唐诗并称双绝。词始于梁代，形成于唐代而极盛于宋代，是诗歌之外、配乐歌唱的一种新诗体。宋词采用长短交错、变化多端的句式，打破了唐诗齐言的传统，为更自由、委婉、更有韵味的抒情带来了极大的方便。在"诗余"的功能上，具有委婉、倾诉式的抒情韵味，细腻而多层次的描写，对内心生活更细腻而深入的把握，轻丽婉约的风格等。唐代民间的词大都是反映爱情相思之类的题材，在文人眼里被视为诗余小道，难登大雅之堂。"诗言志词言情"，到了宋代，词在形式和内容上得到了巨大发展，由于词的长短句式更便于抒发感情，因此，词从诞生之初就以描写艳情（伤春悲秋、离愁别绪、风花雪月、男欢女爱）为主，如苏轼的"人有悲欢离合，月有阴晴圆缺，此事古难全"。"词为艳科"，成为第一个抒写艳思恋情的专门文体。王国维在《人间词话》里曾有过这样的论述："词之为体，要眇宜修，能言诗之所不能言，而不能尽言诗之所能言。诗之境阔，词之言长。"

词有4种分类方式：

按长短规模，可分为小令（58字以内）、中调（59～90字以内）、长调（91～240字）。词的段落，又有单调、双调、三叠或四叠之分。

按音乐性质，可分为：令、引、慢、三台、序子、法曲、大曲、缠令、诸宫调9种。

按拍节，可分为：令（也称小令，拍节较短）、引（以小令微而引长之）、近（以音调相近，从而引长）、慢（引而愈长）。

按创作风格，可分为两大基本派别：婉约派（包括花间派）和豪放派。

婉约派的代表人物有：柳永、晏殊、晏几道、周邦彦、李清照、秦观、姜夔、吴文英、李煜、欧阳修、史达祖等，特点是内容侧重儿女风情，结构深细缜密，重视音律谐婉，语言圆润，清新绮丽，长期以来形成了以婉约为正宗的观念。豪放派的代表人物有：黄庭坚、晁补之、贺铸、苏轼、辛弃疾、陈亮、陆游、张孝祥、张元幹、刘辰翁等。特点是创作视野较为广阔，气象恢宏雄放，喜用诗文配画，语词宏博，用事较多，不拘守音律。

按词牌来源，可分为：（1）民间曲调的乐曲名称，有《菩萨蛮》《西江月》《风入松》《蝶恋花》等；（2）摘取词中几字的，有《忆秦娥》《忆江南》《如梦令》《念奴娇》等；（3）词的题目，有《踏歌词》《舞马词》《欸乃曲》《渔歌子》《浪淘沙》《抛球乐》《更漏子》等。

### （六）元明清文学

元明清之前，古典文学的主要成就是诗歌和散文，诗文代表的雅文学是正宗，小说、戏曲的俗文学是鄙野之言、淫邪之词。元明清时期，推崇理学为官学，儒者地位式微，庶民文化兴起，市民阶层壮大，文学以反映平民生活为主，以通俗文学见长，而去适应市民文化娱乐，文学创作由贵族化走向平民化、世俗化、商业化，语言形式由文言文走向白话文。在诗词、散文方面，成就较少，内容贫乏，大多沿袭唐宋之风，主张"文必秦汉，诗必盛唐"，以模拟古人为能事，尤其是清朝"文字狱"的加剧，更限制了诗文的发展。而以虚构和趣味性为主，注重思想感情与市井民众相通，描写细腻的宋元话本为小说和戏曲的发展奠定了基础。因此，元明清时期，小说和戏曲异军突起，高度繁荣，还诞生了独具特色的元曲。

1. 元曲

元代西亚文化与中华文化并行，在民族文化上采用多元化政策，尊重和鼓励各民族的文化交流和融合，甚至接纳和包容欧洲文化，准许欧洲人做官、通婚等。思想上兼收并蓄，"三教九流，莫不崇奉"，极力推崇藏传佛教，推崇理学为官学，为明代朱学与阳明心学的崛起拉开了序幕，对中国传统文化的影响远超过对社会经济的影响。在统治初期，长时间不举办科举，儒者地位下降，属于中下层的庶民文化迅速抬头，在艺术与文学方面，催生了以庶民为对象的戏剧与艺能，即元曲。

元曲是中华民族文化宝库中的一朵灿烂的花朵，在思想内容和艺术成就上都体现了独有的特色，与唐诗宋词、明清小说鼎足并举，成为我国文学史上一座重要的里程碑。元曲独特的魅力表现在：（1）继承了诗词的清丽婉转；（2）读书人低下的地位[①]，使其作品具有极为夺目的战斗光彩，

---

[①] 当时，儒者（读书人）处于"八娼九儒十丐"的地位。

透着强烈的反抗情绪；（3）锋芒直指社会弊端，直斥"不读书最高，不识字最好，不晓事倒有人夸俏"的社会，直指"人皆嫌命窘，谁不见钱亲"的世风；（4）描写爱情的作品比历代诗词都泼辣、大胆。

元曲又称夹心，包括杂剧和散曲，源自"番曲""胡乐"，早先在民间流传，被称为"街市小令"或"村坊小调"。元灭宋入主中原后，先后在南北地区流传开来，形成"北剧南戏"两个戏剧圈，北方以大都（北京）为中心，流行杂剧；南方以临安（杭州）为中心，流行南戏，因南戏产生于浙江永嘉（温州）一带，因此，又被称为"永嘉杂剧"。杂剧是戏曲，散曲是诗歌，都采用北曲形式演唱，杂剧的成就和影响远远超过散曲，因此，有时也用"元曲"专指杂剧，元曲也即"元代戏曲"。

元曲确立并完善了曲的6种体制形式，即：宫调（五宫四调，通称南北九宫）、曲牌（北曲共有335个）、曲韵、平仄（用字比诗词更严）、对仗（有"两字对""首尾对""衬字对"等13种，具工对宽对、俗语入对等特点）、衬字（曲与词的根本区别）。构成元曲必须有唱（唱词）、科（动作）、白（对白）三要素，同时，还有严密的格律定式，每一曲牌的句式、字数、平仄等都有固定的格式要求。但与律诗绝句和宋词相比，有较大的灵活性，允许在定格中加衬字，部分曲牌还可增句，押韵上允许平仄通押。一般，同一曲牌中字数最少的一首为标准定格。

杂剧，由宋代滑稽搞笑的表演形式演变而来，一般每本以4折为主，在开头或折间另加楔子[①]，每折用同宫调同韵的北曲套曲和宾白[②]组成。散曲，则是没有宾白的曲子土形式，内容以抒情为主，有小令和散套2种，每本不限4折。杂剧数量颇多，现存剧本名目，北剧有530多种，南戏有210多种，但剧本大都散失，流传至今的剧本大约有150多种。剧作家"无闻者不及录"，仅据《录鬼簿》和《续录鬼簿》所载，有名有姓者220多人。著名的元曲四大家为：关汉卿（又称"曲状元"，编有杂剧67部，现

---

[①] 戏曲、小说的引子。一般放在篇首，用以点明、补充正文，或者说引出正文，或是为正文做铺垫。

[②] 传统戏曲艺术以唱为主，把说白叫作宾白。明徐渭《南词叙录》："唱为主，白为宾，故曰宾白。"一说："两人对说曰宾，一人自说曰白。"（明单宇《菊坡丛话》）

存18部，代表作《窦娥冤》《救风尘》《望江亭》《拜月亭》《鲁斋郎》《单刀会》《调风月》等)、马致远（代表作《汉宫秋》《青衫泪》)、郑光祖（代表作《倩女离魂》)、白朴（代表作《墙头马上》)。此外，还有王实甫（代表作《西厢记》)、纪君祥（代表作《赵氏孤儿》)、康进之（代表作《李逵负荆》)、高文秀、王小军等。

杂剧《西厢记》情景图

元代散曲有4500多首（套、部），其中，小令①3800多首（含带过曲)，套数470余套。成就虽不及杂剧，但其灵活多变伸缩自如的句式，口语化、散文化的语言风格和明快显豁自然酣畅的审美取向，也给后人留下不少广为传颂的佳作。如被称为"秋思之祖"的《天净沙·秋思》，这是马致远创作的一首小令，原文为："枯藤老树昏鸦，小桥流水人家，古道西风瘦马。夕阳西下，断肠人在天涯。"全曲仅有28个字，无一"秋"字，却通过动与静、明与暗、背景与主体相互映衬的9种景，写尽了羁旅游子的悲苦情怀，语言凝练，容量巨大，结构精巧，顿挫有致，情景交融中有着深远的意境。

附：

### 《雁儿落带过得胜令》曲谱

平平平仄平，平仄平平去。平平平仄平，平仄平平去。仄仄仄平平，平仄仄平平。仄仄平平仄，平仄仄仄平。平平，仄仄平平去。平平，平平

---

① 又叫"叶儿"，源自唐代的酒令。单片只曲，调短字少。

仄去平。

例：

### 无名氏《雁儿落带过得胜令·失题》

一年老一年，一日没一日，一秋又一秋，一辈催一辈。

一聚一离别，一喜一伤悲。

一榻一身卧，一生一梦里。

寻一夥相识，（他）一会咱一会，都一般相知，吹一回唱一（回）。

赏析：

### 徐德可《水仙子·夜雨》

一声梧叶一声秋，一点芭蕉一点愁，三更归梦三更后。

落灯花，棋未收，叹新丰孤馆人留，枕上十年事，江南二老忧，都到心头。

### 张可九《拆挂令·西陵送别》

画船儿载不起离愁。

人到西陵，恨满东州，懒上归鞍，慵开泪眼，怕倚层楼。

春去春来，管送别依依岸柳，潮生潮落，会忘机泛泛沙鸥。

烟水悠悠，有句相酬，无计相留。

### 马九皋《楚天遥带过清江引·无题》

有意送春归，无计留春住，明年又着来，何似休归去。

桃花也解愁，点点飘红玉。

目断楚天遥，不见春归路。

春若有情春更苦，暗里韶光度。

夕阳山外山，春水渡傍渡，不知那搭儿是春住处。

## 2. 明清小说

明清是中国小说的繁荣时期，从明代开始，小说这种文学形式充分显示出其社会作用和文学价值，打破了正统诗文的垄断，在文学史上，取得与唐诗、宋词、元曲并列的地位。这个时代的小说从思想内涵和题材表现上来说，最大限度地包容了传统文化的精华，而且经过世俗化的图解后，传统文化以可感的形象和动人的故事走进了千家万户。

明清时期，由于科举考试的僵化、统治者为控制思想而大兴"文字狱"以及音乐曲词向通俗化方向发展等原因，诗词的创作趋向衰落。明代，词的曲谱失传，使得这一文体脱离了音乐，成为文人案头之作，很少配乐演唱。清代，词作重新兴起，出现了众多流派，作为中国古代文学的终结，清代文学异常繁荣，蔚为大观，出现集大成的现象，但小说才是清代文学发展的高峰，并处于中国古典小说盛极而衰，向近现代小说转变的时期。

明代，政治上实行高度的中央集权，思想上提倡理学，经济上随着商业、手工业的发展，则表现为繁荣的都市经济，城市市民急剧增长，重商思想抬头，商人成为商业经济中最活跃的分子和市民的主要代表。因此，文学上，商人、小贩、作坊主、工匠成了叙事的主角，诗文的盟主地位通过元代的过渡，正式被小说和戏曲取而代之，代表叙事性文学的戏曲、小说第一次占据了主导地位。虽然，提倡文学复古运动的明代文学家、史学家王世贞曾说"元无文"，但是元曲的诞生，孕育了一大批文人以及后世的小说。明朝初年，小说在前代传奇小说、话本和杂剧的基础上已经有了新的发展，显示出旺盛的生命力。市民阶层壮大后，适应市民阶层的需要、反映市民生活的文学创作更呈现繁荣兴盛的景象，涌现出不少优秀的长篇通俗小说和短篇白话小说，以及深受人们欢迎的戏曲。

明代的长篇小说按题材和思想内容，分为五类：讲史小说、神魔小说、世情小说、英雄传奇小说和公案小说等。讲史小说的代表作是元末明初罗贯中的《三国演义》，这是最典型的历史演义小说，也是中国的第一部历史演义小说，代表了历史演义小说的辉煌成就。在它的影响下，历史演义大量出现，内容涵盖了从远古时代到汉晋唐宋的传说，如《列国志传》《全汉志传》《唐书志传通俗演义》等，其中以冯梦龙改编的《新列国志》成就较高，影响较大。在神魔小说方面，吴承恩的《西游记》是最优秀的一部，此外，还有许仲琳的《封神演义》、罗懋登的《三宝太监西洋记通俗演义》、董说的《西游补》等。世情小说方面，以《金瓶梅》为代表，这是中国第一部文人独立创作的长篇小说，它摆脱了历史故事、历史传说对小说创作的束缚，转向现实题材，开始对日常生活做细致的描写，这在中国小说发展史上有着重要的意义。之后，世情小说表现出两种倾向：一种是在世情描绘中宣扬因果报应思想，如成书于明末西周生所著的《醒世姻缘传》等；另一种则演化为才子佳人小说，如成书于明末清初的《玉娇梨》《好逑传》等。英雄传奇小说方面，代表作品是明初施耐庵所著的《水浒传》，标志着中国古典小说现实主义艺术趋于成熟。之后，有熊大木所著的《北宋志传》、无名氏所作的《杨家府演义》、郭勋的《皇明英烈传》和袁于令的《隋史遗文》等，英雄传奇小说不再拘泥于一朝一代的历史事件演变，而是以描写理想化的传奇式的英雄人物为主，虚构的成分较多。公案小说方面，以描写冤狱诉讼的公案为主，是社会黑暗、政治腐败的反映。代表作有李春芳的《海刚峰先生居官公案传》和无名氏的《包孝肃公百家公案演义》等。

  明代的短篇小说主要是白话短篇小说，取得了辉煌的成就，因是模拟学习宋元话本的产物，也被称为"拟话本"。现存最早的明人辑印的话本集是《清平山堂话本》，对后世影响较大、收集白话短篇作品较多的是明末天启年间冯梦龙编辑的"三言"（《喻世明言》《警世通言》和《醒世恒言》）。其后，凌濛初模仿"三言"创作了《初刻拍案惊奇》和《二刻拍案惊奇》，合称"二拍"。"三言""二拍"是明代白话短篇小说的代表作品，它比长篇小说更直接、更广泛地反映了社会生活，其中爱情婚姻题材作品占很大的比重，反映了市民阶层进步的爱情婚姻观念。有些作品描写了小商人和手工业者的生活和思想，带有明显的时代特点，故事性较强，情节生动曲折，感情色彩鲜明，心理描写和细节描写丰富细腻，如《杜十娘怒沉百宝箱》《玉堂春落难逢夫》等。另外，明代的拟话本小说集还有《石点头》《醉醒石》《西湖二集》等。明代的文言小说，在写法上模仿唐宋传奇，缺乏创作新意，成就不高，较著名的文言短篇小说集有：瞿佑的《剪灯新话》、李昌祺的《剪灯余话》、邵景瞻的《觅灯因话》等。

清代，阶级矛盾、民族矛盾和思想文化领域里的斗争，给小说创作留下了深刻影响。清初至乾隆时期是清小说发展的全盛时期，数量和质量、内容和形式、风格和流派都有较大发展。清代小说基本是文人的创作，虽有历史、传说等素材的借鉴，但作品多取材于现实生活，较充分地体现了作者个人的意愿，在结构、叙述和描写人物各方面也多臻于成熟的境界。乾隆年间产生的蒲松龄的《聊斋志异》和曹雪芹的《红楼梦》，分别把文言小说和白话小说的创作推向了顶峰。嘉庆年间产生的《三侠五义》则把公案侠义派小说推向顶峰，为后世武侠小说奠定基础。《红楼梦》是中国现实主义文学的经典之作，反映了进入末期的中国封建社会不可避免的崩溃结局和初步的民主主义思想倾向，情节缜密，细节真实，语言优美，塑造刻画了许多富有典型性格的艺术形象，有着卓越的艺术成就。此外，清代著名的长篇小说还有《儒林外史》《隋唐演义》《说岳全传》《女仙外史》《镜花缘》《雷峰塔传奇》等，话本小说有《醉醒石》《五色石》等，李渔的《无声戏》《十二楼》是白话短篇小说艺术成就的代表。

书影六种

清末，受欧洲文学观念的影响，梁启超等人极力强调小说对改良政治和社会的作用，要求提高小说的社会地位，使小说创作繁荣起来。这时出现的代表作品有李宝嘉的《官场现形记》、吴趼人的《二十年目睹之怪现状》、刘鹗的《老残游记》、曾朴的《孽海花》，这些小说运用讽刺和夸张的手法，抨击腐败的封建政府的统治和帝国主义的侵略，被后人誉为"清末四大谴责小说"。西方的文学名著也开始被翻译并介绍到中国来，著名的翻译家有林纾等。林纾靠别人口译，用文言文记录下来整理成书，一生翻译了多达170余部外国小说，其中影响最大的是《黑奴吁天录》（今译《汤姆叔叔的小屋》）。

中国古代的叙事文学，到了明清时期步入了成熟期，就文学理念、文学体式和文学表现手段而言，明清小说以其完备和丰富将叙事文学推向了极致。从明清小说所表现的广阔的社会生活场景、丰硕的艺术创作成果和丰富的社会政治理想而言，明清小说铸就了中国古典文学最后的辉煌。

清朝灭亡后，陈独秀、鲁迅等人掀起了新文化运动，其中的重要内容就是反对旧文学、提倡新文学。这次运动使古典文学在中国的统治地位结束，书面文言文为白话文所取代。它虽有利于人们思想的解放，但对中华优秀传统文化加以了过分的批判，因而导致了历史虚无主义。新中国成立后，中国古典文学又大放异彩，它是中国文学的根，是我们文化修养的最基础的内容。

## 二、中国古典文学的情怀

文学是形象表现社会生活、内心情感的艺术，其艺术感染力，来自于"情"，这是文学艺术的生命与灵魂。中国古典文学的创作以"情"为核心，"情"是人们建构和把握世界的心灵方式，并通过这种方式来关联日常社会生活。情感的获得主要通过体验产生，这种情感包括了人与人、人与社会以及人与大自然的情感体验，再用文学语言细腻真切地表述出来，所谓"一枝一叶总关情""一切景语皆情语"，文学作品脱离不了"情"的描述和表达。中国古典文学作品的字里行间,凝聚了中国人的情感体验和思维方式,无论是诗词歌赋,还是小说、戏剧,最为突出的是家国情怀,以及在这种情感中所体现出来的中国人的人情世故和文学悲情意识。

(一)家国情怀

"家国同构""家国一体"是中国传统文化的基本情怀。儒家文化,作为中国传统文化的主流,其人文理想是"修身齐家治国平天下","齐家治国"成了文人心中魂牵梦萦的至高境界,因此,有了陆游"位卑未敢忘忧国"、顾炎武"天下兴亡,匹夫有责"的千古之训,寄托着中国人深厚的民族情感。家是缩小的国,国是放大的家,在"家国一体"的情怀中,有了"忠"和"孝"的准则,支撑着国与家相互认同、相互依存;也有了岳母刺字"精忠报国"的佳话和霍去病"匈奴不灭,何以家为"、杜甫"烽火连三月,家书抵万金"、陆游"王师北定中原日,家祭无忘告乃翁"的情感牵绊。在古典文学里,家与国休戚与共、个人命运与民族兴亡息息相关的写照随处可见。

文学是人学,家国情怀的凝聚方式表现为山水情、故乡情、人伦情、民族情。中国古代是传统的农业社会,古典文学作品里充满了乡土之情,《诗经》对此就有较为鲜明的体现。人们的家国情怀,体现在对父母妻儿的牵挂、对大地山河的爱恋、对国家民族的认同,"国泰民安""家和万事兴"是生发于这一情怀的心愿。民族危亡关头,忠孝不能两全之际,相比尽孝奉亲乃至恋妻顾子,临危赴难更具正当性,因为国是一个大家,国之不存,家将焉附?于是,在文学表达上,就有了心怀天下、寄情乡土的诸多描述。古典文学中,既有王维"独在异乡为异客,每逢佳节倍思亲"、白居易"想得家中夜深坐,还应说着远行人"的思亲之情,又有"窈窕淑女,君子好逑"的热烈和李清照"莫道不消魂,帘卷西风,人比黄花瘦"的婉约缠绵,"执子之手,与子偕老""但愿人长久,千里共婵娟"(苏轼)的铮铮誓言,更有李白"举头望明月,低头思故乡""飞流直下三千尺,疑是银河落九天"的绝唱。男儿出乡关,建功业,直至告老还乡,情感始终在家与国之间回荡,贺知章的"少小离家老大回"、孟郊的"谁言寸草心,报得三春晖"、杜甫的"国破山河在，城春草木深"、辛弃疾的"何处望神州？满眼风光北固楼"都是对家国情怀的文学反映。不仅如此，在这种情感中还蕴含了勇往直前、为国捐躯的牺牲精神，如范仲淹的"将军白发征夫泪"、王翰的"古来征战几人回"，以及李清照"生当作人杰，死亦为鬼雄"的骨气、屈原"与天地兮同寿，与日月兮同光"的豪情、历代仁人志士在国家民族危难之际"怒发冲冠"的"壮怀激烈"。"在中国文学史上，家国情怀一直是士大夫文学的重要主题，既有乱世里屈原那种对国家前途的殷忧，也有盛世中杜甫'致君尧舜上，再使风俗淳'那样的壮志。在国家统一、政治清明的时代，士人群体的济世之心固然超过独善之志，表现出奋发有为的豪迈情调；就是在外敌侵凌、内政昏敝的时代，他们也没有一味消沉萎靡、明哲保身，而是抗颜直谏、投军御敌……而当置身改朝换代之际，身世飘零，甚至生活在异族的统治下，冠裳易服，他们在奋力抵抗之余，又以'天下兴亡，匹夫有责'的文化救亡大志，潜心学术，欲为往圣继绝学，为万世开太平。"[①]

（二）责任情怀

儒家思想注重学以致用，子曰："诗可以兴，可以观，可以群，可以怨，迩之事父，远之事君，多识于鸟兽草木之名。"其中，"事父"与"事君"成了文学责任的一种体现。白居易说"文章合为时而著，歌诗合为事而作"，要"为君、为臣、为民、为物、为事而作"，苏东坡也提出文学创作要"有为而作"，"言必中当时之过"。

家庭是精神成长的沃土，人们以正心诚意、修身齐家为基础，以治国平天下为宗旨，在传承优良家风中筑牢责任意识和担当精神[②]。责任意识既是中国古人的传统美德，也是一种自觉意识，儒家文化所弘扬的强烈主体精神和使命感，促使文人将"自我"作为有担当且有行动能力的主体来体验，滋养了一代代中国文人忧国忧民、以天下为己任的责任情怀。所谓"知责任者，大丈夫之始也；行责任者，大丈夫之终也""穷则独善其身，达则兼济天下"，只有兼顾修身、小家与国家的责任和担当，才是自我圆

---

①②《家国情怀与文学书写》，《人民日报》2015年2月13日。

满的必由之路。如"丈夫虽有志，固为儿女忧""上负慈母恩，下顾所怜女""辛勤奉养十余人，上有慈亲下妻子""父不慈则子不孝，兄不友则弟不恭，夫不义则妇不顺""妻子好合，如鼓瑟琴。兄弟既翕，和乐且湛""世禄之家，鲜克由礼。庶人将昌，必有良子""之子于归，宜其家人。之子于归，宜其室家""之子于归，百两御之。维桑与梓，必恭敬止。靡瞻非父，靡依非母"。

战乱时期，文人大多忧虑国家何去何从，体现出强烈的主人翁精神和社会责任感。孟子曰："如欲平治天下，当今之世，舍我其谁也？"东林党写下："风声雨声读书声声声入耳，家事国事天下事事事关心。"曾子曰："士不可以不弘毅，任重而道远。"士人的特质，就是具有强烈的社会责任感和社会参与意识。于是，笔下就有了对民间疾苦的悲悯，或对社会黑暗的揭露，如"朱门酒肉臭，路有冻死骨""四海无闲田，农夫犹饿死""遍身罗绮者，不是养蚕人""晓事采桑多苦辛，好花时节不闲身""医得眼前疮，剜却心头肉""满面尘灰烟火色，两鬓苍苍十指黑""可怜身上衣正单，心忧炭贱愿天寒""陶尽门前土，屋上无片瓦。十指不沾泥，鳞鳞居大厦"等描写。盛世时期，则又大力歌颂太平盛世、人民丰衣足食的闲适美好生活，如"冲天香阵透长安，满城尽带黄金甲""莫笑农家腊酒浑，丰年留客足鸡豚""稻米流脂粟米白，公私仓廪俱丰实""高山绝壑，耒耜亦满""报答春光知有处，应须美酒送生涯""百千家似围棋局，十二街如种菜畦""九天阊阖开宫殿，万国衣冠拜冕旒""蓬莱仕女勤劳动，繁荣生活即神仙""梅子金黄杏子肥，麦花雪白菜花稀"等描写。

（三）士大夫情怀

士大夫是中国古代特有的一个阶层，他们既是国家政治的直接参与者，又是文化、艺术的创造者和传承者。子曰："行己有耻，使于四方不辱君命，可谓士矣。"也就是说，严于律己、忠君爱国的人谓之"士"。《周礼·考工记》云："坐而论道谓之王公。作而行之谓之士大夫。"可见，士大夫不仅要"作"得一手好文章，还要身体力行践行之，他们身上有着儒家理想的政治情怀。

春秋战国群雄割据，各自为政，战乱频繁，需要各种有才之人各事其主，于是，"士族"兴起。《君道》称："论德而定次，量能而授官，皆使人载其事而各行其所宜。上贤使之为三公，次贤使之为诸侯，下贤使之为士大夫，是所以显设之也。"另据《吕氏春秋·上农》载："是故天子亲率诸侯耕帝籍田，大夫士皆有功业。"北齐颜之推《颜氏家训·勉学》认为："多见士大夫耻涉农商，羞务工伎，射则不能穿札，笔则才记姓名。"因此，以读书、写文章为特长的人，安贫乐道、不失节操，成为社会上享有声望的一个阶层，他们凭借自己的才能参政议政、建言献策，出现了一批布衣卿相。传统的"学而优则仕"，是文人施展才能，实现远大抱负的价值取向，尤其是随着后来科举制度的兴起，规范并加剧了"士子应举"，"朝为田舍郎，暮登天子堂"成为一种社会现象。

以屈原为代表的文人士大夫，浓缩了中国文人的气节风骨，反映了中国文人"铁肩担道义"的正直、无私和爱国精神。

屈原是中国历史上第一位伟大的爱国诗人、中国浪漫主义文学的奠基人、楚辞的创立者和代表作者，开辟了"香草美人"的传统，被誉为"中华诗祖""辞赋之祖"。屈原的主要作品有《离骚》1篇，《天问》1篇，《九歌》11篇，《九章》9篇，《远游》《卜居》《招魂》《大招》《渔父》①各1篇，共27篇。《离骚》是屈原以自己的理想、遭遇、痛苦、热情以至整个生命所熔铸而成的宏伟诗篇，其中闪耀着鲜明的个性光辉，是屈原全部创作的重点。屈原的作品关注现实，反映了现实社会中的种种矛盾，尤以揭露楚国的黑暗政治最为深刻，鲁迅称屈原作品"逸响伟辞，卓绝一世"，司马迁为屈原作传，称《离骚》为"其文约，其辞微，其志洁，其行廉"。

屈原在《离骚》里，描绘了"举贤而授能兮，循绳墨而不颇"的"美政"理想。"举贤授能"，就是要不分贵贱，选拔真正有才能的人来治理国家；"循绳墨而不颇"，就是要修明法度，法不阿贵，限制旧贵族的种种特权。他善于用美人香草，以喻君子；恶木秽草，以喻小人，通过比兴手法

---

① 对《大招》《渔父》是否为屈原所作，也有争论。

把君王信谗、奸佞当道、爱国志士报国无门的情景,写得淋漓尽致。在屈原描写的香花芳草嘉木中,《橘颂》最能体现屈原的精神与美好人格,代表了士大夫清醒的性格和端庄的品德。如:"后皇嘉树,橘徕服兮。受命不迁,生南国兮。""暖尔幼志,有以异兮。独立不迁,岂不可喜兮。深固难徙,廓其无求兮。苏世独立,横而不流兮。"他从幼橘欣欣向荣、青翠端正的形象中,认识到了一种发自内心的纯洁高尚的品德、一颗可以"塞于天地之间"的赤子之心。"闭心自慎,终不失过兮,秉德无私,参天地兮。"屈原认为只有讲究内心品德的修养,具有公正无私的品德,才可以"参天地",屈原"浮游尘埃之外"的人格风范,可"与日月争光"。

士大夫情怀既追求自身品行的高洁,又置自身处境于不顾,忧国忧民、心怀天下苍生,"长太息以掩涕兮,哀民生之多艰"(《离骚》)。屈原虽遭谗被疏,甚至被流放,但始终以祖国的兴亡、人民的疾苦为念;明知忠贞耿直会招致祸患,但始终"忍而不能舍也";明知自己面临危险,但始终不肯离开楚国半步。东汉王逸的《楚辞章句》曰:"屈原放逐,忧心愁悴。彷徨山泽,经历陵陆。嗟号旻旻,仰天叹息。见楚有先王之庙及公卿祠堂,图画天地山川神灵,琦伟谲诡,及古圣贤怪物行事。周流罢倦,休息其下,仰见图画,因书其壁,呵而问之。"王逸认为屈原:膺忠贞之质,体清洁之性,直如石砥,颜如丹青;进不隐其谋,退不顾其命,此诚绝世之行,俊彦之英也。

屈原代表的士大夫精神"虽死犹不死也"。从屈原的"亦余心之所善兮,虽九死其犹未悔",到唐代诗人戴叔伦的"愿得此身长报国,何须生入玉门关",都是士大夫立志报国的写照。士大夫的政治志向一旦受阻,作为文人的忧愁、愤懑情绪,自然就会在笔下、纸端流露出来。如《九章》:"心郁郁之忧思兮,独永叹乎增伤。""抚情效志兮,冤屈而自抑。民生禀命,各有所错兮。定心广志,余何所畏惧兮?""悲秋风之动容兮,何回极之浮浮。""数惟荪之多怒兮,伤余心之忧忧。""愿摇起而横奔兮,览民尤以自镇。"《大招》:"魂乎归来!尚贤士只。魂乎归来!国家为只。"《远游》:"悲时俗之迫阨兮,愿轻举而远游。超无为以至清兮,与泰初而为邻。"《卜居》："屈原既放,三年不得复见,竭知尽忠。"《招魂》："酎饮尽欢,乐先故些。魂兮归来!反故居些。目极千里兮,伤春心。魂兮归来!哀江南!"《九歌·国殇》："旌蔽日兮敌若云,矢交坠兮士争先。诚既勇兮又以武,终刚强兮不可凌。身既死兮神以灵,魂魄毅兮为鬼雄。""举世皆浊我独清,众人皆醉我独醒,是以见放!"等等。

中国历代诗人、作家,在遭遇民族危亡的紧要关头,总是坚持自己的人格理想,书写出慷慨激烈的爱国诗篇,甚至不惜牺牲自己的生命。孟子"集义而生、日益存养"的浩然之气,"居安思危,思则有备,有备无患"(《左传》)的忧患意识,"博闻强识而让,敦善行而不怠"(《礼记》)的君子风范,这些"吾将上下而求索"的精神气质,都可以在屈原身上追溯其源。

(四)悲剧情怀

文化设计的最初是要避免悲剧意识,但是,儒家理想和循环论对中国文化的影响,使中国古典文学带有明显的悲剧情怀。

鲁迅曾说:悲剧是"将人生的有价值的东西毁灭给人看"。所谓毁灭,并不等于死亡,它是文学理想主义对悲剧的文学渲染,是古典文学中的悲情意识,一般认为其具有四个基本特征:第一,结局悲惨,不以大团圆收场。如《孔雀东南飞》《梁祝》《红楼梦》《窦娥冤》[1]。第二,主人公都是无辜的受害者,"不应遭罪而遭罪"(亚里士多德),如屈原。第三,主人公一般都是对人生执着的人,具有强烈的生存欲望和非凡的意志,如岳飞。第四,有悲剧感,即由悲剧性审美对象所引起的伤感、震动和悲哀的情绪体验[2]。朱光潜在《悲剧心理学》里指出:悲剧感是一种以痛感形式出现的快感,它是一种"敢于直面惨淡的人生"的精神,"一个民族必须深刻,才能认识人性悲剧性的一面,又必须坚强,才能忍受"。文学作品中放大的人生苦难,反而能让人从悲剧中透视人生,体现出人们坚定不移的品格,做到"哀而不伤"。

---

[1] 也有学者认为《窦娥冤》属于苦情剧,并非悲剧,因为它的结局是平反昭雪。
[2] 金炳华:《哲学大辞典》,上海辞书出版社2001年版,第206页。

儒家理想建构的家国情怀，使得文学里充满了"家国"难"两全"的喟叹，"家"与"国"之间的距离被"游子"的情绪填满。《礼记·大学》作为儒家经典著作"四书"之首，提出了个人修为的"八条目"，即"格物、致知、诚意、正心、修身、齐家、治国、平天下"，强调修己是治人的前提，修己的目的是治国平天下，体现的是一种积极入世、对社会的关心和参与精神。"修、齐、治、平"思想，几乎成为读书人的唯一标准理想，是文人的理想价值从自我完善到初步实现，再到完全实现的过程。"一个人执着地追求的理想往往暗示着他可能的悲剧性。"[①]"修身"是自我完善的途径，"齐家"是理想的初步实现，"治国平天下"是人生价值与远大抱负的最终完全实现。然而，生活中，修身之为要在"家"或"国"的维度里体现，为国弃家，就意味着离家远游，因此，实现儒家的人格理想，就要挑战自己的修为，正是"挑战的非理性与应付挑战的超理性，构成了人类的悲剧性"。[②]

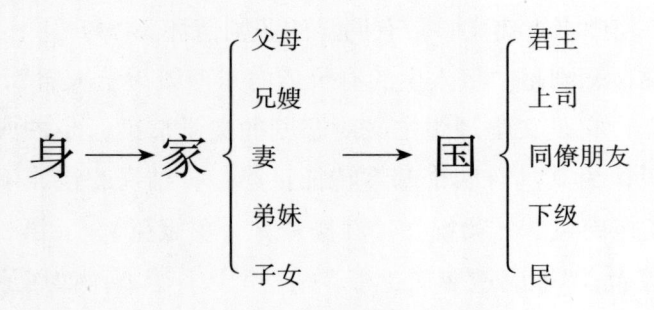

$$
身 \rightarrow 家 \begin{cases} 父母 \\ 兄嫂 \\ 妻 \\ 弟妹 \\ 子女 \end{cases} \rightarrow 国 \begin{cases} 君王 \\ 上司 \\ 同僚朋友 \\ 下级 \\ 民 \end{cases}
$$

**儒家的理想结构图**

传统文化的"中和"思想及循环论，使得人们在乐时也意识到悲，并有可能迅速地转化为悲情。如"月满则亏""水满则溢""登高必跌重""否极泰来，荣辱自古周而复始""盛筵必散"。《庄子·知北游》："山林与，皋壤与，使我欣欣然而乐与；乐未毕也，哀又继之。"汉武帝《秋风辞》："箫鼓鸣兮发櫂歌，欢乐极兮哀情多，少壮几时兮奈老何！"王勃《滕王阁序》"天高地迥，觉宇宙之无穷；兴尽悲来，识盈虚之有数。"

中国古典文学中的悲情内容，主要有：伤别、乡愁、闺怨、相思等，

---

①② 张法：《中国文化与悲剧意识》，中国人民大学出版社1989年版。

按照张法的划分，具体体现为日常悲剧模式、政治悲剧模式、历史悲剧模式、自然悲剧模式。

1. 日常悲剧模式

日常悲剧模式包括：恋爱、游离、怨弃等。恋爱悲剧，例如《蒹葭》中的思而不得或《将仲子》中的人为阻隔；游离悲剧，例如伤别、乡愁、闺怨、思念等；怨弃悲剧，例如夫弃、君弃、世弃等。

附：

（1）恋爱。

### 蒹葭

蒹葭苍苍，白露为霜。所谓伊人，在水一方。溯洄从之，道阻且长。溯游从之，宛在水中央。

蒹葭萋萋，白露未晞。所谓伊人，在水之湄。溯洄从之，道阻且跻。溯游从之，宛在水中坻。

蒹葭采采，白露未已。所谓伊人，在水之涘。溯洄从之，道阻且右。溯游从之，宛在水中沚。

### 将仲子

将仲子兮，无逾我里，无折我树杞。

岂敢爱之？畏我父母。

仲可怀也，父母之言，亦可畏也。

将仲子兮，无逾我墙，无折我树桑。

岂敢爱之？畏我诸兄。

仲可怀也，诸兄之言，亦可畏也。

将仲子兮，无逾我园，无折我树檀。

岂敢爱之？畏人之多言。

仲可怀也，人之多言，亦可畏也。

（2）伤别。

### 柳永《雨霖铃》

寒蝉凄切，对长亭晚，骤雨初歇。

都门帐饮无绪，留恋处，兰舟催发。

执手相看泪眼，竟无语凝噎。

念去去，千里烟波，暮霭沉沉楚天阔。

多情自古伤离别，更那堪，冷落清秋节！

今宵酒醒何处？杨柳岸，晓风残月。

此去经年，应是良辰好景虚设。

便纵有千种风情，更与何人说！

### 孟郊《游子吟》

慈母手中线，游子身上衣。

临行密密缝，意恐迟迟归。

谁言寸草心，报得三春晖。

### 王勃《送杜少府之任蜀州》

城阙辅三秦，风烟望五津。

与君离别意，同是宦游人。

海内存知己，天涯若比邻。

无为在歧路，儿女共沾巾。

（3）怨弃。

### 王昌龄《闺怨》

闺中少妇不知愁，春日凝妆上翠楼。

忽见陌头杨柳色，悔教夫婿觅封侯。

### 李白《古风·孤兰生幽园》

孤兰生幽园，众草共芜没。

虽照阳春晖，复悲高秋月。

飞霜早淅沥，绿艳恐休歇。

若无清风吹，香气为谁发。

2. 政治悲剧模式

政治悲剧模式包括：亡国、盛世，以及由日常怨弃模式转化而来的君弃、世弃。如屈原、韩愈、柳宗元、辛弃疾、陆游等人"前不见古人，后不见来者。念天地之悠悠，独怆然而涕下"的盛世悲情。杜甫"夜久语声绝，如闻泣幽咽""吾庐独破受冻死亦足"，黄庚（宋）"啼鹃亡国恨，归鹤故乡情"，刘沧（唐）"烟波浩渺空亡国，杨柳萧条有几家"，文天祥"亡国大夫谁为传，只饶野史与人看"，杨维桢（元）"乡关思萧瑟，作赋哀江南"的亡国悲情。

3. 历史悲剧模式

历史悲剧模式包括：英雄悲剧、命运悲剧、社会悲剧，主要表现历史必然性和现实可能性之间不可调和的矛盾冲突。

英雄悲剧的主人公一般禀赋高贵，具有崇高的品质，肩负着不寻常的使命，将国家、阶级、民族的利益看得至高无上，为此不惜牺牲爱情、亲情和生命。

命运悲剧是不以人的意志为转移的客观规律及自然与社会的法则所左右的现实人生，即一定社会历史条件对人的生命活动的限定，也包括主人公性格内在的矛盾冲突导致的悲剧结果。悲剧人物的对面是异己的自然力、社会力，人就是在与这些无形而又强大的力量抗争。

社会悲剧是外部社会原因、历史原因、政治原因等造成的社会不平等和不合理导致的悲剧。这类悲剧往往用于表现政治斗争、阶级斗争、民族斗争中的重大题材，不同于英雄悲剧的地方是：它不直接表现各派政治力量、不同阶级之间的正面冲突，而是在社会政治风云变幻的背景下，通过家庭关系或伦理道德观念的冲突展现社会的种种矛盾。这种矛盾贯穿整个人类社会生活，表达了人类对美好生活的向往和追求，以及对理想社会的渴望。

这三种悲剧相互交叉，英雄悲剧中往往有社会的原因和命运的不可抗争性；命运悲剧是一定社会条件下，英雄的命运和小人物的命运；社会悲剧，包括了一定时期不同人群或不同个人的种种悲剧结局。历史悲剧模式与日常模式和政治模式相互渗透，是主人公悲剧命运在不同领域的反映。必然与自由的矛盾冲突，是人类社会生活中最深层次的矛盾冲突。无论哪一类型的悲剧，实际上，都是必然与自由的斗争在特定领域的表现。

### 4. 自然悲剧模式

古典文学中的自然悲剧模式主要包括悲秋、伤春两种模式。老子说："人法地，地法天，天法道，道法自然。"人和自然在本质上是相通的，"天"代表"道""真理""法则"，"天人合一"实质上是"天人相应"。庄子说："天地之鉴也；万物之镜也。""与天和者，谓之天乐。"朱熹说："天道者，天理自然之本体。"因此，文学作品中，寄情于山水，面对四季轮回感慨人生际遇，悲春之短暂、愁秋之萧瑟，就成了自然而然的事。《毛传》[①]曰："春，女悲，秋，士悲；感其物化。"

伤春模式，如南朝诗人何逊"青山不可上，一上一惆怅"、清代诗人沈德潜"余于登高时每有今古茫茫之感"、周邦彦"春归如过翼，一去无迹"、李商隐"春心莫共花争发，一寸相思一寸灰"、王安石"春风似旧花仍笑，人生岂得长年少"、秦观"自在飞花轻似梦，无边丝雨细如愁"、袁去华"试细听莺语莺啼，分明共人愁绪，怕春去"、朱淑真"把酒问春春不语，黄昏却下潇潇雨"等，春天美好，但如人生苦短、青春易逝，文人们都"同向春风各自愁"（李商隐）。

悲秋模式，如《楚辞·九辩》中"悲哉！秋之为气也。萧瑟兮，草木摇落而变衰"，杜甫"万里悲秋常作客，百年多病独登台"，黄公度"万里西风入晚扉，高斋怅望独移时"，陆游"才破繁华海棠梦，又惊摇落井梧秋""残年孤寂不禁秋，醉自凄凉醒更愁"，马致远"夕阳西下，断肠人在天涯"等。

悲剧的思想具有永恒的力量，由于悲剧来源于人的有限性和盲目的命运，悲剧最能表现矛盾斗争的内在生命运动，从有限的个人窥见那无限的

---

[①] 指《毛诗故训传》，西汉初年，传授诗经的主要著作之一，对后人的影响很大。据《十三经注疏》，有30卷，其作者和传授渊源，自汉迄唐，诸说不一。现代一般根据东汉末年郑玄的《诗谱》和三国吴国陆玑的《毛诗草木鸟兽虫鱼疏》，定为鲁人毛亨（大毛公）所作。

光辉的宇宙苍穹，以个人渺小之力体现出人类的无坚不摧的伟大。正如刘鹗在《老残游记·自叙》里所言："《离骚》为屈大夫之哭泣，《庄子》为蒙叟之哭泣，《史记》为太史公之哭泣，《草堂诗集》为杜工部之哭泣，李后主以词哭，八大山人以画哭，王实甫寄哭泣于《西厢》，曹雪芹寄哭泣于《红楼梦》。"古典文学悲情的文化精神，是"以泪和悲来让文化得以在一个固定不变的理想、一个封闭的和谐中长存。"[①]

中国古典文学的辉煌成就，浓缩了几千年文人的理想人格，千古流传的文章中，饱含着对自然、家乡、人文、社会的浓厚情感，即便是史传文学，也是为求"其因果关系"和"现代一般人活动之资鉴"（梁启超）。古典文学中的家国情怀、责任情怀、士大夫情怀、悲剧情怀，是文学生命力、感染力、影响力的支撑和对中国传统文化精髓的诠释，正是这种特殊的情感体验和思维方式，形象地再现了中国人丰富的社会生活和内心情感。

---

① 张法：《中国文化与悲剧意识》，中国人民大学出版社1989年版，第51～52页。

# 第四章 字 趣

汉字是使用人数最多、寿命最长、世界上唯一还在使用的"古老"文字，是世界上唯一的表意文字、唯一的方块字。

世界上最早的文字主要有4种：西亚的苏美尔文字、埃及的古埃及文字、中美洲的玛雅文字、中国的汉字。其他3种文字都已经消亡了[①]，只有汉字仍在使用。公元前1300年，汉字出现了最早的象形文字——甲骨文，如果把新石器时代陶器上的符号看成汉字的始祖，那么至今已有10000多年的历史。在漫长的历史进程中，汉字只是出现了笔画的变化，一直保持着表意的功能，是意义的符号，中国历代皆以汉字为主要官方文字。

在很长时期内，汉字是东亚地区唯一的国际交流文字，在东亚地区形成了一定文化体系的汉文化圈。20世纪前是日本、朝鲜半岛、越南、琉球等国家官方的书面规范文字，汉文化圈的国家都有一定程度的自行创制汉字，有本民族文字和汉字混合使用的现象。

## 一、说文解字

"言必称希腊"是毛泽东在1941年发表的《改造我们的学习》一文中的语句，指责一些共产党员不懂运用马列主义的立场、观点和方法解决

---

[①] 苏美尔文字大约出现在公元前3500年，通行了3000多年。古埃及文字（表音符号是字母的一个重要来源）产生于公元前3100年，亚历山大征服埃及之后开始衰落，公元4世纪左右消亡。玛雅文字的产生时间大约在公元前后，在16世纪西班牙占领中美洲的时候消亡。

中国革命的实际问题，而是信而好古，钻到故纸堆里出不来，因此说他们"言必称希腊"，意在批评党内的教条主义和崇洋媚外。"希腊"俨然是经典的代名词，而"言必称"也成了一种特有的思维模式，不推崇经典无以表明其权威性、正确性。

说文解字，是唯方块字的"义著于形"才能有的说明解构方法，无论是古人，还是今人，凡引经据典，都必指向汉字的音形义，考究其来源。"文"和"字"反映了汉字发展的两个阶段，即图画符号阶段和表音符号阶段，古文字学家称独体的字为"文"，称合体的字为"字"，独体的"文"因为不能再分解，故说明之；合体的"字"由两三个不同的"文"构成，故剖解之。《说文解字》①是汉字里的"希腊"，作为系统文字学观念确立的标志和第一部系统地分析汉字字形和考究字源的字书，《说文解字》提供了中国古代政治、经济、文化、风俗习惯等方面的资料，并佐以经书进行论证，因此，常常成为我们在解析汉字时"言必称"的经典。

《孟子·滕文公章句上》"孟子道性善，言必称尧舜"，《后汉书·荀爽传》"爽皆引据大义，正之经典"，因此，数典不敢忘祖，是对历史应怀有的敬意。尽管20世纪早期的中国文化界，曾以陈独秀、胡适、鲁迅等人为代表发起过新文化运动，用白话文代替文言文，兴起文字改革。尤其是胡适提出了白话文运动的"八不主义"："不模仿古人""不用典"等，但典籍的存在是无法逾越的，推崇典籍也是一种历史的和文化的现象，由来已久。今天，"言必称"更是文化自信的必然，要求我们用更开放、更自信、更严谨的视野来回顾经典。

---

① 《说文解字》是我国首部按部首编排的汉语字典，是科学文字学和文献语言学的奠基之作，在中国语言学史上有极其重要的地位。原书作者为许慎，作于汉和帝永元十二年（100年）到汉安帝建光元年（121年），现已失传，传至今日的大多是宋朝版本，或是清朝的段玉裁注释本。原文逐字解释字体来源，全书共分540个部首，收字9353个，另有异体字1163个，共10516字。

（一）文字的起源

1. "文"字解

《尚书序》载"文，从玄从爻""古者伏羲氏之王天下也，始画八卦，造书契，以代结绳（爻）之政，由是文籍生焉"。《说文解字》"文，错画也，象交文""交错画的花纹"，引申义同"纹"。

"文"字像站立着的一个"人"，突出他的胸部，胸前绘有"花纹"，义指"文身"。从形体的演变可以看出，小篆的字形走上了线条化，"人"站立的样子没变，只是胸前的"花纹"消失了。

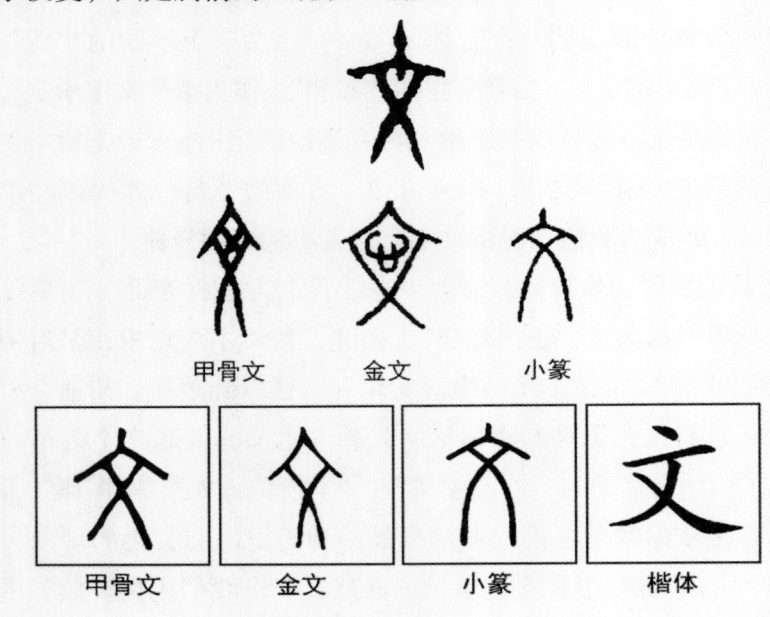

文的演变

可见，"文"是按照万物形状临摹的图画，"字"是在"文"的基础上演变而来的符号。因此，也可以说，"文"是描绘事物本来的形状，"字"是指滋生、繁衍。许慎在《说文解字》中说："盖依类象形，故谓之文，其后形声相益，即谓之字"，"字"是形与形、形与声结合的符号。

2. 语言、文字和书籍

语言、文字和书籍是人类文化的象征，也是人类文明进步的标志。中国古代语言文化是人类重要的文化遗产，其文字音韵之美、文章体裁之备、文献典籍之富,堪称世界之最。语言是承载人类思想情感、交流信息的工具和符号,是文字的基础。语言的表达方式有两种,即人的肢体行为(包括发音、动作、表情等)和符号,通俗地讲,包括口头语言和书面语言。书面语言,即文字符号,是可视化的语言[①],是记录语言的书写符号系统。我国古代把传统的语言学称作"小学",包括了文字学、音韵学、训诂学三大类,就是文字的三个基本组成部分:字形、字音、字义。如果没有文字,人类的文明及历史,仅靠口耳相传是难以超越时间和空间的。

书籍是文字的集合,读书得先识字。相传"三皇之书""五帝之典""八王之法""九州亡国之戒"是我国古代的典籍,著名学者王红旗就认为"坟""典""索""丘",都是不同的图书符号载体。例如:"坟"是用土制成的图书,是泥版或陶版、石版(有字的石头,被称为会说话的石头)的文字。"典"是一种陈列或安置在桌几上的具有重要意义的文书,典的进一步演化是册,所谓"有典有册"。"索"是结绳记事符号体系,中国人对养蚕和丝帛的最先发明,为使用丝帛作为信息载体和风筝的发明提供了条件,"八卦"原名"八索",就有结绳占卜之意。"丘"是指中央的统治权力遍布天下东西南北中的所有区域,有大、高、聚的含义,"蚩尤作兵"把"斤"(就是斧)这种兵器陈列在桌几上作为神器来供奉,故有"丘""八"相连之说。

(二)造字的缘起

1. 结绳记事

擅长描写儿女之情的北宋词人张先曾在《千秋岁·数声鶗鴂》中写道"心似双丝网,中有千千结",一个"结"字,形神具备,既凝聚了打绳人的千思万虑,又再现了诸事的相互缠绕。而这也正是上古时代记事的写照。《周易·系辞下》:"上古结绳而治,后世圣人易之以书契,百官以治,万民以察。"隋唐经学大家孔颖达疏:"结绳者,郑康成注云,事大大结其绳,事小小结其绳,义或然也。"东晋道学家葛洪《抱朴子·钧世》:"若舟车之代步涉,文墨之改结绳,诸后作而善于前事。"可见,结绳以记

---

① 也有学者认为,文字并不属于语言。

事就是古人要在缠绕中理出头绪来的方法。颜色、材质、粗细、经纬、主支的不同，包含了丰富的词汇和数量，虽然表达烦琐，保存困难，但确实是文字产生前中国古人的文明及智慧。

在记事的同时，古人还辅之以契刻和图画的方式，来弥补结绳记事的不足，帮助准确记忆数量和表达思想。汉朝刘熙在《释名·释书契》中说："契，刻也，刻识其数也。"在契约关系中，数目是最重要的因素。唐兰先生[①]在《中国文字学》中说："文字的产生，本是很自然的，几万年前旧石器时代的人类，已经有很好的绘画，这些画大抵是动物和人像，这是文字的前驱。"然而，图画发挥文字的作用，转变成文字，只有在"有了较普通、较广泛的语言"之后才有可能。

事实上，早在六千多年前，一些刻画在陶器上的文字陶文，就标志着中国文明的脚步已经启动了。

2. 仓颉造字

传说轩辕黄帝的史官，名仓颉，曾把流传于先民中的文字加以搜集、整理和使用，他受鸟兽的脚印启发，创造出了象形文字，借此区分事理，被后人尊为"造字圣人"。《万姓统谱》卷五十二记载："上古仓颉，南乐吴村人，生而齐圣，有四目，观鸟迹虫文始制文字以代结绳之政，乃轩辕黄帝之史官也。"《明一统志·人物上古》亦有相同记载。《淮南子·本经》记载："昔者仓颉作书，而天雨粟，鬼夜哭。"全国各地有多处纪念仓颉的遗迹，如：仓颉造字、造字台、仓颉陵、仓颉庙等。在众多仓颉遗迹中，始建于汉代者有四处：河南南乐、虞城、开封和陕西白水。

---

[①] 浙江嘉兴人，我国著名的文字学家，精研《说文》《尔雅》等典籍，著有《古文字学导论》《中国文字学》等。

仓颉造字

传为仓颉造28个字石刻

注：对此28字的研究和释义颇多，其中一说为：戊己甲乙（狩猎）、居首共友（祭祀）、所止列世（占卜）、式气光名（美景）、左互义家（太平）、受赤水尊（共享）、戈矛斧芾（开垦）。宋振东：《仓颉造28字的研究与诠释》，http://www.zhcjwh.com/InformationIntro.aspx?itID=48&itID=4&iID=1524，访问时间：2018年2月5日。

3. 早期汉字

（1）甲骨文。

甲骨文主要指商代后期（公元前14世纪至前11世纪）王室用于占卜记事而刻在龟甲（腹甲、背甲）和兽骨（牛肩胛骨为主，又称"扁骨"）上的文字，距今已有3600多年历史。传说甲骨文是金石学家王懿荣于清光绪二十五年（1899年）偶然发现的，他在中药龙骨上发现有刻划的痕迹及商王的名字，由此诞生了一门新兴的学科——甲骨学。

甲骨文是现存中国古代最古老、最成熟的文字，是已知汉语文献的最早形态，大约有4500个单字，至今可识者约1/3，其基本词汇、语法、字形结构都跟后代汉语言文字是一致的。司马迁的《史记》中的《殷本纪》，详细记载了商王朝的世系和历史。20世纪初，罗振玉在他搜集的甲骨中，发现了刻有商王朝先公、先王的名字，证实了这些甲骨的出土地小屯，就是《史记》中所说的"洹水南，殷墟上"的殷墟所在地。此后，学者王国维对甲骨卜辞中所见的商代诸先王、先公，对照《史记》记载做了详细的考证，证实了《史记》中《殷本纪》的可信性。1903年，刘鹗著《铁云藏龟》，第一次把甲骨以拓片的形式出版。1904年，孙诒让著《契文举例》对甲骨文始加考释。1937年，郭沫若在他的《殷契粹编》序言中，对甲骨书法大加赞赏："卜辞契于龟骨，其契之精而字之美，每令吾辈数千载后人神往。文字作风且因人因世而异，大抵武丁之世，字多雄浑，帝乙之世，文咸秀丽。而行之疏密，字之结构，回环照应，井井有条……足知现存契文，实一代法书，而书之契之者，乃殷世之钟王颜柳也。"

商朝第十代王盘庚于公元前1318年，把都城从奄（今山东曲阜附近）迁到殷（河南省安阳县小屯村的洹河南岸田庄一带），从此历经8代12王，在此建都达273年之久。这些研究成果，把中国有考据可信的历史提早了1000年。殷墟甲骨文发现100多年以来，出土数量已达15万片。

甲骨文的形状因甲骨分期而略有差异，大致武丁[①]时期的甲骨最为完整，同时武丁时期也是现存甲骨数量最多的时期。

甲骨文的内容大部分是殷商王室占卜的记录，反映了商朝人的生活情形和商朝历史发展的状况。记录占卜的甲骨文又叫甲骨卜辞。占卜时在龟甲兽骨上钻凿小孔到即将穿透又尚未穿透的程度，然后烤灸，看烧出的裂

---

① 武丁指商高宗，商朝第二十三任君主，在位时间为公元前1250～前1192年。武丁在位时期，勤于政事，任用刑徒出身的傅说及甘盘、祖己等贤能之人辅政，励精图治，使商朝政治、经济、军事、文化得到空前发展，史称"武丁盛世"。

纹即兆象来判断吉凶，负责占卜的人把这些以及事后应验的情况都刻记在甲骨上。每一片完整的卜辞，大概记载4个方面的内容：第一是"叙辞"，记录占卜的日期和占卜人；第二是"命辞"，记录要占卜的事；第三是"占辞"，指审视兆纹，作出吉凶的判断；第四是"验辞"，指事后应验的情况。甲骨卜辞除了指殷商王室的占卜记录外，还指在龟甲兽骨上的文字字形。

甲骨文的范畴比甲骨卜辞的范畴大，有部分甲骨文是用来记事的。记事的甲骨文多用刀子契刻，有的先用笔写，然后刻画出来，也有的直接刻画出来。甲骨文多数由上而下直行书刻，成为后来汉字常用的书写格式。

（2）石刻文字。

石刻文产生于周代，兴盛于秦代。《墨子·鲁问》中说"书之于竹帛，镂之于金石"，证明石头在春秋战国时代，和青铜器一样，都曾经做过文字载体。早期石刻文字流传下来的很少，山西侯马晋国遗址出土写刻于石片、玉片的"侯马盟书"，陕西出土的刻有700多字四言长诗的10个石鼓，是春秋战国时期石刻文字的遗存，这一时期留存的主要作品有：《石鼓文》《侯马盟书》《峄山石刻》《泰山石刻》《琅琊石刻》《会稽石刻》等。传说中最早的石刻文字是夏朝时的《岣嵝碑》。春秋战国时期的石刻文字以石鼓文为代表，另有河北平山发现的河光刻石，仅两行19字。

东周时期秦国刻石文字，在10块花岗岩质的鼓形石上，各刻四言诗一首，每石一篇，十篇合为一什，内容歌咏秦国国君狩猎情况，故又称猎碣。初唐时发现于天兴县（今陕西省宝鸡）三畤原，现藏于北京故宫博物院，高约90厘米，直径约60厘米，原有700字以上，由于年代久远，字多残损，尚存最多的宋代拓本491字，今仅存272字（另有合文、重文40字）。因传创造者为太史籀，为石刻之祖，故石鼓文又被称为籀文。

石刻文字是中国初期形式的书籍，东汉"熹平石经"，魏"正始石经"，唐"开成石经"，五代"蜀石经"，清代"十三经"都是石头书中的经典。

## 二、结构及演变

汉字作为寿命最长、影响最广、使用人数最多的文字，以方块字的形状历经数千年的演变，其结构和造字法始终有章可循，并充满意趣。

（一）汉字结构

《周礼》在论及"六艺"①时，提到"六书"，许慎在《说文解字》中第一次对"六书"做了解说："周礼八岁入小学，保氏教国子，先以六书。一曰指事：指事者，视而可识，察而见意，'上''下'是也。二曰象形：象形者，画成其物，随体诘诎，'日''月'是也。三曰形声：形声者，以事为名，取譬相成，'江''河'是也。四曰会意：会意者，比类合谊，以见指㧑，'武''信'是也。五曰转注：转注者，建类一首，同意相受，'考''老'是也。六曰假借：假借者，无其字，依声托事，'令''长'是也。"自此，汉字六书：象形、指事、会意、形声、转注、假借，成了后人分析归纳汉字的六种构造系统，人们再造新字时，都以此为依据。比如"軼""镲"是形声字，"凹""凸""凼"是指事字，"畑""奀"是会意字。其中，象形、指事、会意、形声是"造字法"，但并非造字法则；转注、假借是"用字法"。

| 出处 | 次第 | | | | | |
|---|---|---|---|---|---|---|
| | 一 | 二 | 三 | 四 | 五 | 六 |
| 班固《汉书·艺文志》 | 象形 | 象事 | 象意 | 象声 | 转注 | 假借 |
| 郑玄《周礼》注引郑众 | 象形 | 象意 | 转注 | 处事 | 假借 | 谐声 |
| 许慎《说文解字》 | 指事 | 象形 | 形声 | 会意 | 转注 | 假借 |

汉字是一种最古老而又最具个性的文字符号，因为画出事物是早期最直接的造字方法，所以，在甲骨文、金文中，象形字占大多数。

---

① 开始于公元前1046年的周王朝的贵族教育体系，指五礼、六乐、五射、五御、六书、九数六种基本技艺。

象形字示例

然而，在造字的进程中，需要细分的事物越来越多，比如"鲤""鲮""鲩""鳅"等，都属鱼类，用形旁"鱼"代表它们的类属，用相近发音的声旁来加以区分，即"以形表意"和"以声表意"，使形声字成了最方便、最有效的方法，故有"形声二八"之说。

形声字是最能产的造字形式。意符一般由象形字或指事字充当，声符可以由象形字、指事字、会意字充当。形声字在各个时期所占比重呈明显上升的趋势。在甲骨文系统中，形声字约占20%；在篆文系统中，形声字约占80%；到今天我们所使用的简体楷书，形声字更是占有90%以上的比例。形声字数量一直呈现明显激增的趋势，是因为形声是一种比较优越的造字法，这种造字法除了可以提示形声字的意义类属、性质特征外，同时也承担了标示形声字读音的功能。例如：耄耋，指的是八九十岁。耄，形声字，上形下声，音"冒"；耋，表意。

现代语言学之父费尔迪南·德·索绪尔指出：世界上"只有两种文字体系：（1）表意体系，……这个符号和整个词发生关系，因此也就间接地和它所表达的观念发生关系。这种体系的典范例子就是汉字。（2）通常所说的表音体系，它的目的是要把词中一连串的声音摹写出来"。[①] 索绪尔的这个论断，不仅着眼于文字记录语言的本质特性和文字构形的基本依据，而且也着眼于汉字的整体系统和构形特点。

汉字在表意与表音的相互促进中，一直坚持固有的表意特点，不断采用新的方式增强其表意功能。这表现在三个方面：（1）当汉字所记录的词所指的事物发生了变化，汉字总是及时地调整其字符。如"寺"原从"又"（表主持），后改从"寸"（表法度）；"炮"原从"石"，后改从

---

[①] 索绪尔：《普通语言学教程》，商务印书馆1980年版。

"火"等。（2）汉字中的假借字向形声字转化，成为汉字演变的一种规律。如"辟"转为"避""僻""嬖"，"因"转为"茵"，"舍"借为舍弃加"手"旁，"须"借为等待加"立"旁，等等。（3）从早期形声字的来源看，它们不但不是表音性的产物，而且明显是汉字维持其表意体系的结果。如"考"为加"老"而成，"祝"为加"示"而成，等等。即使是形声字里的声符，也有一部分具有区别词的作用。如"逃"与"迢"，"鹄"与"鹊"，"没""漠"与"沫"，等等。由此可见，汉字是以意符为纲的。

班固"造字"，许慎"作书"，其实质即为语词构造一个书面形体，也就是"汉字构形"。可以想见，这是一个十分漫长的摸索过程。在这个过程中，起主导作用的显然是当时人的思维方式。上古时期，人类认知思维的特点必定是重形体、重感知。在汉字初创时期，先民的构形思维必然只着眼于语词所指称的意义内容上，即用字形直接显示词义，以达到"目治"的目的。但是，作为"造字"的这种构形方式明显地有其局限性，因而古人构形思维的着眼点必然转向词的语音上。汉语是单音成义的词根语（孤立语），音节的有限必然带来同音字的增多，因而引起表意上的困扰。为摆脱这种困扰，先民的构形思维便自然发生逆转，从着眼于词的语音又回复到着眼于词的意义。这一曲折的构形思维历程，给先民带来新的启迪，到最后，在汉字构形上，便同时兼顾词的意义和语音两个方面。根据这种构形思维历程的合理推测，"六书"作为构形方式，其出现的先后顺序大体是：象形—象意（指事、会意）—假借—转注—形声。①

汉字的最小结构单位是点和线，从落笔到抬笔为一笔，又称笔画。汉字根据部件可划分为独体字和合体字，独体字只有一个部件，合体字有多个部件。根据部件与部件的方位关系，独体字结构又被称为单一结构，合体字结构主要有12种②形式。

---

①《六书的造字方法》，许慎文化园，2012年11月22日。

②左右结构、上下结构、左中右结构、上中下结构、半包围结构（右上包围结构、左上包围结构、左下包围结构、上三包围结构、下三包围结构、左三包围结构）、全包围结构、镶嵌结构。

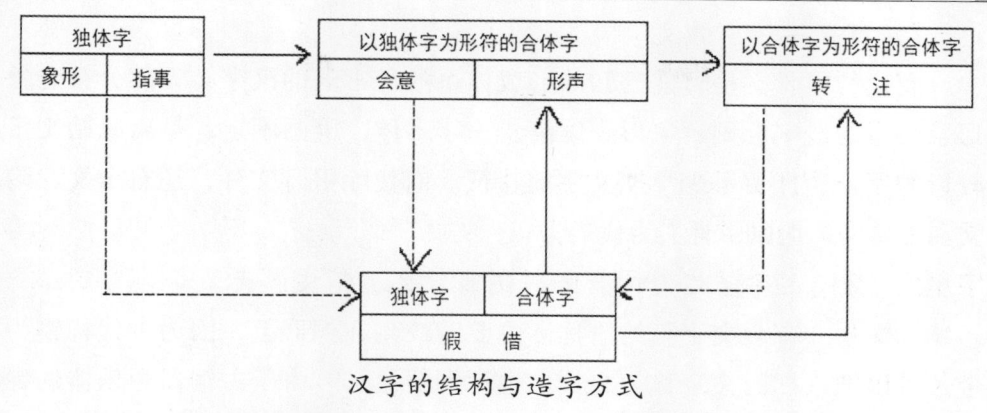

```
┌─────────────┐      ┌─────────────────────┐      ┌─────────────────────┐
│   独体字    │      │ 以独体字为形符的合体字 │      │以合体字为形符的合体字│
├──────┬──────┤  →   ├──────────┬──────────┤  →   ├─────────────────────┤
│ 象形 │ 指事 │      │   会意   │   形声   │      │        转注         │
└──────┴──────┘      └──────────┴──────────┘      └─────────────────────┘
                    ┌──────────┬──────────┐
              →     │  独体字  │  合体字  │    ←
                    ├──────────┴──────────┤
                    │        假借         │
                    └─────────────────────┘
```

汉字的结构与造字方式

（二）汉字的形体演变

汉字经过6000多年的演变，有不同的发展阶段，以汉字手写体的字体变化为标准，经过商周、秦汉和魏晋以后3个历史阶段，其形体大致有"汉字七体"，即：甲骨文、金文、篆书、隶书、楷书、草书、行书。魏晋前的甲骨文、金文、篆书、隶书属古文字时期，魏晋以后的楷书、草书、行书属今文字时期。

汉字形体演变示意图

1. 商代——甲骨文

商代的甲骨文是目前已知的形成体系的最古老的汉字,大部分符合象形、会意的造字原则,象形程度高,一字多体,笔画不定,是离原始文字较近的字体,保留不少早期文字的特征。商代除甲骨文外,还有金文、陶文和石刻文,但以甲骨文为代表。

2. 周代——金文(钟鼎文、铜器铭文、籀文、大篆)

金文是"吉金文字"的简称,主要铸或刻在铜器上,因为古代称铜为金,所以把这样的文字称为金文,也称铜器铭文。由于古铜器中乐器的钟体形最大、乐器中的鼎数量最多,因此又称金文为"钟鼎文"。

西周晚期,周宣王时的太史籀所书文字,又称籀文。石鼓文的字体与商周的金文有直接的继承关系,又与秦始皇统一文字前秦国官方文书篆书相似,为了和后来的小篆区别,史称大篆[①]。张怀瑾从书法源流上推崇它为"小篆之祖""楷隶高曾,字书渊薮"。

金文时期,图绘成分减少,方块结构趋于稳定,偏旁意识增强,构字方式日趋统一,字形日益固定。尤其是大篆的线条化和规范化,使得字形结构趋向整齐,逐渐离开图画的原形,奠定了方块字的基础。

3. 秦代——小篆

秦始皇统一六国后,推行"书[②]同文,车同轨"制度,由丞相李斯负责,在秦国原来使用的大篆籀文的基础上,进行删繁就简和美化,创制了统一的文字,一直通行到西汉末年。小篆笔画圆转流畅,较大篆整齐,形体笔画均已简省,字数日增,轮廓、笔画、结构定型,象形意味进一步削弱,文字书写更加符号化。作为中国历史上第一次运用行政手段大规模地规范文字的产物,小篆在中国文字史上具有重大的社会意义。

小篆是官方运用的标准字体,对文字形体的美观要求,具有严格的标准,如:字形上紧下松,呈长方形,方楷一字半为度,一字为主体,半字

---

[①] 也有人把小篆以前的文字统称为大篆。
[②] 秦代通行的八种书体,称"秦书八体":大篆、小篆、刻符、虫书、摹印、署书、殳书、隶书。

为垂脚；笔画横平竖直，圆劲均匀，粗细一致，横竖画等距平行；结构平衡对称，不仅空间上下左右要对称，而且圆弧形笔画左右倾斜度也要对称等等。以推崇玉箸篆为代表，追求以细为美，笔画纤柔匀称，结构工整，字形挺拔秀丽、优美典雅。引碑入草开创者、北京大学教授李志敏认为：秦始皇统一六国文字，对当时的社会进步有积极意义，但未必有利于书法艺术的发展。①

由于书写过于规范，书写速度很慢，民间出现了很多简便字体。这些字体的特点是变小篆的圆为方、曲为直，并分出了一些偏旁部首，以"秦隶"为代表，成为日常书写的辅助性字体。相传程邈"删古立隶文"，首先将篆书改革为隶书。唐代张怀瓘《书断》称："传邈善大篆，初为县之狱吏，得罪始皇，系云阳狱中，覃思十年，损益大小篆方圆笔法，成隶书三千字，始皇称善，释其罪而用为御史，以其便于官狱隶人佐书，故名曰'隶'"。

4. 汉代——隶书

虽然秦朝民间隶书盛行，但并没有完全摆脱小篆的结构特点。到了汉代，文字书写在秦隶的基础上进一步演变，出现了"蚕头燕尾"的波折之笔，书写起来轻松自如，逐渐流行成为常用字体代替篆书，史称汉隶。

汉隶是隶书的成熟字体，字形扁平、方正、厚实，体势左右相分，带有刚正不阿的严肃感；偏旁变形、省略与归并。隶书是中国古代文字发展的分水岭，完全抛开了古文字的象形因素，使汉字变成抽象的符号，实现了完全的符号化，结束了统领汉字几千年的、以象形为主的古文字阶段，开辟了一直沿用至今达两千年的今文字格局，为行书、楷书、草书等的发展奠定了基础，在汉字演变过程中具有极其重要的地位。

5. 魏晋以后——楷书、草书、行书

汉隶流行的同时，楷书正在萌芽阶段，到魏晋南北朝时期已经很盛行。有"楷书鼻祖""书史之祖"之称的钟繇，擅篆、隶、真、行、草多种书体，对后世书法影响深远，与东晋书法家王羲之并称为"钟王"。陶宗仪

---

① 葛路：《当代书坛一杰李志敏》，北京大学官网，访问时间：2014年12月8日。

《书史会要》云："钟王变体，始有古隶、今隶之分，夫以古法为隶，今法为楷可也。"楷书既吸取了篆书的圆转笔画，又保留了隶书的方正平直，去掉了"蚕头燕尾""一波三折"，使汉字的结构大体固定下来。当时被称为"真书"，后人因为以此作为学习书法的楷模，即称之为楷书。"学书须先楷法，作字必先大字。大字以颜为法，中楷以欧为法，中楷既熟，然后敛为小楷，以钟王为法。"楷书也叫正楷、真书、正书，《辞海》解释为"形体方正，笔画平直，可作楷模"，是通行至今、长盛不衰的汉字手写正体字。

一般来说，楷书的发展经历了4个时期，即秦汉时期的萌芽期，魏、晋、南北朝时期的发展期，隋、唐、五代时期的繁荣期，宋、元、明、清时期的守成期。

楷书书写工整，为了书写快捷的需要，或抒发书写者的胸臆，寄情于笔端，产生了一种流动顺畅、一气呵成、极具韵律和艺术感染力的字体——草书。草书重在连笔，可以改变笔顺、笔画形态、笔画部位；字体简捷，可简省、借用笔画或偏旁；存字之梗概，损隶之规矩，纵任奔逸，赴速急就，给人豪放不羁、流畅之感。草书分为章草和今草，早期有草创之意。今草又分大草（也称狂草）和小草，在狂乱中具有艺术美。章草出现于秦汉时期，笔画省变有章法可循，今草产生于东汉末，不拘章法，笔势流畅，又称"一笔书"，字与字之间、行与行之间映带连属、顾盼多姿，或笔画连绵、笔断意连。张怀瓘说："（草）字之体势，一笔而成，偶有不连，而血脉不断，及其连者，气候通其隔行……世称一笔书者，起自张伯英。"狂草出现于唐代，以张旭、怀素为代表，笔势狂放不羁，成为完全脱离实用的艺术创作。

行书是行楷和行草的统称，是介于楷书和草书之间的一种字体。行书没有楷书那样规范严肃，也没有草书那样奔放和难以识别，而是优雅欢畅地运笔，实质上是楷书的草化或草书的楷化。行书字体书写灵活贯通，实用性和艺术性完美结合，也是最受大众喜欢、最常用的一种字体。在浩如烟海的书法艺术宝库中，行书无疑是一座最为绚烂多姿、丰富厚重的宝藏，有被誉为"天下第一行书"的王羲之《兰亭序》、"天下第二行书"的颜真卿《祭侄文稿》、"天下第三行书"的苏轼《寒食帖》，还有王珣的《伯远帖》、王献之的《鸭头丸帖》等等。

（三）汉字的构造演变阶段

2000年，著名语言学家刘又辛教授在《汉字发展史纲要》中提出：字体变化不是汉字发展中的本质变化，不能说明汉字的历史发展规律，而应从汉字的构造方法的变化来说明汉字的本质变化。

汉字在其发展过程中，经过了图画文字、表形文字、表音文字、形音文字的变化。在造字的基本方法上，可以看到汉字演变的历史沿革，其演变过程可以归纳为五个阶段：声、形、象、数、理。

1. 声

"声"是任何一种语言的必要组成部分。在遥远漫长的太古时代，人类从本能的哭声、笑声……或模仿大自然的鸟鸣、虫叫、兽吼、风声、雷声、雨声……中逐渐分化出具有一定意义、代表一定事物的"声音"文字。例如：妈妈、爸爸、啊喔、哈哈、唧唧、隆隆等。汉语中大约有1600种表示声音的文字。

2. 形

"形"是语言的第二个重要组成部分，但不是必要的。远古时代，人类面临的主要问题是生存和种族延续，在与大自然和猛兽搏斗的过程中，需要用"形"或"画"来表示事物。例如：远出狩猎，为了不迷路，在岩石上或树干上做标记；狩猎时，用观察野兽足迹，来辨别野兽的特性；或出于对神秘大自然的崇拜、敬畏以及对美好事物的追求，在岩洞壁上画出"日、月、人、山、木、动物、祖先"等图像。

仓颉造字就是对"图画"的一个简化过程，取事物的主要特征，开始向"文字"进化。（"仓颉之初作书，盖依类象形，故谓之文。"）

拼音文字是由原始图像向表示声音的字母方向发展，以语音作为主体。汉字由原始图像向"象、数、理"方向发展，用不同的图像来表示各种各样的意思。

### 3. 象

"象"是创造汉字和《易》说理预事的主要方法。"日、月"等属于象形文字，是造字的基本部件，这些基本部件相互组合，产生各种各样的"象"，创造出更多的字。基本部件和字还可以进行更高层次的组合，产生用于表示各种事物、各种意念的诸多文字（"形声相益即谓之字"）。例如："明→日月"、"易→日勿"、"旦→日一"（下边的"一"表示"地"，与"乾"卦三阳爻象"天、人、地"相通）、"显→日业"（"业"，表示地上有茂密的树木，"日"已上树梢，太明"显"了）。这些字还可以组成更多的字，例如："盟→明皿""踢→𧾷易""湿→氵显""但→亻旦"……

造字和易理在这里完全相通，即所谓的"取象生理"。

### 4. 数

"数"是人类在长期进化过程中逐渐形成的概念。首先有"无"和"有"，再有"多"和"少"。"有→ナ月"字中"ナ"表示手，"月"表示肉，原意是"手下有肉"，有肉吃就不会挨饿。"有"和"无"进一步分化，形成"一、二、三、多"等数的概念。

"数"向易符方向演变，逐渐从文字中分离，形成八卦。例如：奇数（一、三、五、七、九）和偶数（二、四、六、八、十）是两组不同性质的数，奇数属阴，偶数属阳。在卦象中以"黑、白"或"实心、空心"分别表示。研究"数"的加减乘除为算术，研究"数"的"象"，就能以"象"说"理"，因此，汉字中出现了字根重叠的现象。例如：唱→哭→噪[①]→嚣、土→坏[②]→圭[③]→垚[④]。又如：石→磊、金→鑫、木→林→森、水→淼、火→炎→焱、又→双、人→从→众、乂→爻……通常，字根相重表示"多"，三重表示"众"。

与"阴阳""五行"相对应，出现了五行、六畜的构叠字。

---

[①] 指树上有许多小鸟在叽叽喳喳地叫。
[②] 指瓦未烧，毁也。
[③] 圭，瑞玉也，上圆下方。
[④] 垚，土高远也。

5. 理

"理"是"象、数"的扩展。汉字外延的演变主要是通过"理"来扩大的，即取"象"的事物，"理"也相通。例如："明"本义是明亮，延伸出眼睛看得清楚、心里"明白"、事情变得"明显"……"猫"字由"犭、苗→犭、艹、田"组成，"犭、艹、田"都属于象形，猫叫声"miǎo"，造字时声部用"苗"字表示。"苗→艹田"，音通"渺"，意为"田中渺小之草"，进而延伸为"可培育的人才"，小孩与小苗相像，理则相通，这样，"苗"字的外延就扩大了。

（四）汉字形体演变的趋势

汉字的演变大致有两大类：改革和自然流变。汉字改革是人们有意识、主动地治理汉字的过程，一般是非连续的、剧烈的、短期内完成的。汉字的自然流变是汉字自然的变化过程，其特点是连续的、缓慢的、长期的，既有时间上的因素，也有地理上的因素（如下图），会出现汉字的字形、字音、字义的多样化。

颇具地方特色的字

音 biáng，一种陕西面食。写法有歌诀："一点飞上天，黄河两头弯，八字大张口，言字中间走，左一扭右一扭，你一长我一长，中间加个马大王；心字底，月字旁，一个小钩挂麻糖，坐个车子回咸阳。"

因此，当自然流变造成异体字越来越多，字音读法不同，字义发生变化，导致汉字不统一、不规范的时候，就必然要对汉字进行改革，使得汉字走向规范化、统一化。当改革的措施推广之后，汉字又开始新一轮的自然流变。两种变化过程有着不同的性质、趋势、规律和作用，但总的来说是删繁就简、避难趋易、逐渐规范。

汉字在形体上逐渐由图形变为笔画，象形变为象征，复杂变为简单；在造字原则上从表形、表意到形声，基本上是一个汉字一个音节。汉字是意音文字，音、形、义是相统一的。一个汉字通常表示汉语里的一个词或一个语素，如："车""上""明"等，"车""上""明"用字的形体来直接表达语言里的词义；"问"既能表意又能表音，"门"表音，"口"表意等。

汉字形体演变的每一个过程都渗透着对文字的整理和规范，从仓颉到太史籀再到李斯、隶书的出现，都在不断地规范和简化汉字。

五四运动时期的新文化运动，推进白话文运动，提倡用口语书写文章，废弃了许多汉字在文言文中特有的意义，也使得常用汉字的数量减少了很多。这可从以下20世纪30年代的字表频繁修订和出版中略见一斑：1934年出版了杜定友的《简字标准字表》和徐则敏的《500俗字表》。1935年，钱玄同主编了《简化字谱》草稿，收字2400多字。同年春，上海的文字改革工作者组织手头字推行会，选定第一批手头字300个，2月间由文化界200人和《太白》《世界知识》《译文》等5个杂志社共同发表《推行手头字缘起》。1936年10月，容庚出版了《简体字典》（4445字），并且在燕京大学开设简体字课加以实验。同年11月，陈光尧的《常用简字表》（3150字）出版。1937年5月，字体研究会发表了《简体字表》第一表（约1700字）。

新中国成立以后，1956年公布了汉字简化方案，1964年出版了《简化字总表》，进一步扩大了简化字的范围和废除异体字的字数，1977年公布了《第二次汉字简化方案》，称为"二简字"。1986年宣布废除"二简字"，并于同年重新发表《简化字总表》（共收2235个简化字），一直使用2013年。2013年，颁布《通用规范汉字表》，恢复了6个繁体字、51个异体字，对44个汉字调整其写法，成为社会一般应用领域的汉字规范。

进入21世纪以来，随着网络的普及运用，网络语言流行开来，文字组合、词汇演变、词义变异层出不穷，例如：高富帅、稀饭等。作为有别于传统平面媒介的沟通交流形式，网络语言简洁生动、传播迅速，对语言文字的规范化问题提出了挑战。

汉字是中国几千年文化一脉相承的载体，作为一种文化形态，汉字与字母记音文字的本质区别是：以形示意，核心是表意。在继承传统和改革规范中，既不能割裂传统，失去方块字的独有魅力，又要顺应时代发展和推广使用汉字的世界性需要，遵循汉字本身的发展规律进行改革。不是徒生"親不见，愛无心，產不生，廠空空，麵无麦，運无车，導无道，兒无首，飛单翼，湧无力，有雲无雨，開関无门，鄉里无郎，聖不能听也不能说，買成钩刀下有人头，輪下有匕首，進不是越来越佳而是往井里走⋯⋯"的感慨，而是发扬几千年文明的精髓，书写好"汉字人生"[①]。

## 三、世界影响

汉字是世界上使用人数最多的文字，据统计，使用汉字和汉语的人数达到16亿以上。汉字因其形体优美、辨识度高、直观达意、信息量大，而对世界文化有着越来越大的影响作用。古代，因为朝贡关系的存在，形成了一定地域的汉字文化圈。现代，随着中国经济的迅速发展和世界地位的不断提高，越来越多的中国人带着母语走出国门，同时，越来越多的外国人也正在接纳或融入汉语、汉字的使用氛围，中式英语的流行和孔子学院的开办成了近年来特有的一种文化现象。

（一）古代汉文化圈

汉字文化是指书面语使用汉字，或者是固有词的表记文字同汉字混合使用的文化现象。在朝贡体系影响下，自公元前3世纪开始，直到19世纪末期，东亚、东北亚、东南亚和中亚部分地区的文化、地域相近区域，逐渐形成一个以汉字、儒家文化为核心的汉文化圈，并曾共同使用文言文作为书面语。除汉字的诞生地中国外，主要包括周边的越南、朝鲜、日本、泰国等国，越南、朝鲜和日本是曾使用汉字书写历史并在文字上受汉字影响的国家。

汉文化圈的书写系统是汉字。用于东亚各国的汉字以及汉字承载的儒

---

[①] 人生虽复杂，四字即道明："尖"字即能大能小、"斌"字即能文能武、"卡"字即能上能下、"引"字即能屈能伸。

家思想是维系汉文化圈共同心态的基石。直到20世纪初,汉文化圈主要以汉字为书写工具,东亚各国写作了大量的汉文作品,出现了汉字诗歌以及史学。如:日本官方用汉字编写的《古事记》和《日本书纪》,朝鲜历史书《朝鲜王朝实录》《燕山君日记》等。高丽王朝模仿唐朝,确立科举制度,中国的经书成为高丽人必修的课程;日本三省堂出版的《大辞林》中关于《千字文》的词条记载:"平安时代后期起,被用于儿童汉字习得教育。"汉文化圈中,各国历史上都使用过汉字,以中国为文明的中心。随着欧洲中心主义的崛起,中国中心主义瓦解,汉文化圈国家大多有不同程度的脱汉运动。其中,越南自汉朝起,使用汉字到12世纪,13世纪出现喃字,与汉字一并使用,17世纪法国传教士用拉丁字母设计出"国语字",20世纪废除汉字和喃字;朝鲜15世纪设计出韩字,20世纪废除汉字,时至今日,韩国一般的高中毕业生仍能认识1800个左右的汉字;日本于7世纪设计出假名,与汉字混合使用至今。由此,各国逐渐确立了本民族的文书系统。但是,直到近代以来这些本民族的文书系统才逐渐取代文言文(即汉文)运用于官方文书。

全球有三大国际性文化圈,即基督教文化圈、伊斯兰教文化圈和儒家文化圈。秦汉时期,中国帝王认为落后的地区会被中国吸引,前来朝贡,中国文化可以不断地扩大,达到"世界一家"的理想境界。汉武帝时,采纳董仲舒"独尊儒术"的建议,使得儒家学说成为国家信仰,中国进入儒家社会。之后,儒家学说传播到了朝鲜、日本、越南等地区,在这些地区发展,并成为官方学说。儒教由于与政治思想相匹配,在圈内形成一个较为稳定的共通思维框架,包括使用筷子餐饮,品茶,使用瓦来建筑和使用毛笔来书画,遵循中国的历法夏历及其岁时祭享之俗等类似的生活文化,慕华思想深厚,以中国为中心分布开来。日本学者西嶋定生(1919~1988)认为汉字文化圈的构成要素是:以汉字为传意媒介,以儒家为思想伦理基础,以律令制为法政体制,以大乘佛教为宗教信仰等,具有共同的价值标准。

汉文化的影响不仅仅限于东亚和东南亚地区,还通过著名的**丝绸之路**

向西传播，或通过西方传教士被介绍到欧美。古代汉文化圈的显著特征是对汉文化的学习和认同，不仅向周边国家和地区输出了汉字，也输出了大量的典籍，使得周边国家和地区的思想、学术和宗教极大地受到了中国的影响，也接受了汉文化影响下的绘画、医学、建筑、音乐、礼仪和服饰。

（二）现代中式英语

2005年，总部位于美国得克萨斯州的"全球语言监测机构"（GLM）公布全球最流行的10个词汇清单，中式英语位列第四位。所谓中式英语（Chinglish），指的是带有汉语词汇、语法、表达习惯的英语，汉语及英语的英文混合而成的合体字，通过自创合成、直译、错用的方式，形成的一种具有中国特色的语言。1994年以来，在国际新增加的英语词汇中，中式英语占了5%至20%。

中国人在使用英语时，因受汉语思维方式或文化的影响而拼造出不符合英语表达习惯、具有中国特征的英语。这本是学习英语过程中的一种不规范形式，但随着英语和汉语的流行，这种语言成了年轻人、网民和国外使用英语人士的时尚。

"借词"是语言转化中的常有现象，中文词汇中的"拷贝""酷""可口可乐"等词汇都是借来的英文单词，《牛津英语词典》中大约包含120个含有中文渊源的词汇，例如dim sum（点心）、Maotai（茅台酒）等。当中国人发明了good good study，day day up（好好学习，天天向上）后，Chinglish（中式英语）一路高歌，成了标准英语的一部分，收录进标准英语辞典中。据统计，迄今为止先后产生过不低于2500条有影响的、流传较广的中式英语，例如：

　　smilence（笑而不语）

　　emotionormal（情绪稳定）

　　chinsumer（指到国外旅行疯狂购物的中国人）

　　vegeteal（指开心网上的"偷菜"）

　　jiujielity（纠结）

　　geilivable（给力）

you me you me（彼此彼此）

don't tiger me（别唬我）

see no see（看不看）

open water（开水）

old watch（老表）

long time no see（好久不见）

go and look（走着瞧）以及"光棍""愤青""关系""大妈"等一些拼音字母组成的英语。

现代中式英语

语言文字是时代变迁最敏感的反应器。面对中式英语的兴起，大体上有两种态度，一种是认为中式英语语法不通，会读出歧义，有损国人形象；另一种是强烈的自豪感，认为English到中国变成Chinglish，不但被英语使用者接受，还很流行，是一件值得国人骄傲的事。

事实上，中式英语从最早对初学者的讽刺，到不经意地巧妙错用，再到故意错用，甚至自创英语单词，其内涵在不断地拓展丰富的同时，人们对它的态度也在发生转变，不再是单一的拒绝、嘲笑或欣赏，更多的是对"幽默"的包容或鼓励。中式英语的"幽默""调侃"溶解了语言的国界，中国成语、谚语、词组与英语擦出的"火花",传播了中国的语言文化,中国式俏皮话①丰富了英语。英国《卫报》称:中国式英语"错得韵味十足",为字母语言添加了调味剂。GLM认为:中文具有令人惊讶的复杂性和丰富性,其产生新词和接受外来新词的能力非常强,而中式英语是一种"可喜的混合体"。

虽然中式英语的发明和被消灭几乎同时发生,但是从2005年起,GLM每年都会评选出年度最受关注的中式英语,例如:2006年的no noising(别吵)、question authority(问讯台),2008年的deformed man toilet(残疾人厕所)、airline pulp(航空餐)等。英国《经济学人》用guanggun代表中国未婚男士,用guanxi代替中国社会独有的复杂的关系网,并收录进英美国家的商学院教材《Rules and Networks》中。《纽约客》用fenqing(愤青)表示中国激进的年轻人。有的英语网站将在海外的中国消费者译成Chinsumer(由中国人Chinese与顾客consumer合成)等。

混合式的非标准英语越来越多地成为标准英语融入媒体和生活中,中国几千年的汉字文化以其独有的魅力,用创新的方式进入国际社会,发挥着对世界越来越大的影响作用。

(三)孔子学院

近年来,随着中国经济和对外交流的蓬勃发展,在全球范围内出现了学习汉语的热潮。"如果你想领先别人,就学汉语吧!"成为一句时髦的口头禅,学习汉语的外国人逐年递增,2010年约有1亿名外国人学习汉语,2013年学习汉语的外国人约达1.5亿人。②

为了传播和推广汉语和中国文化,为全世界汉语学习者提供方便、优良的学习条件,2004年,全球首家孔子学院在韩国首尔正式设立。截至2017年7月,中国已在140个国家和地区建立511所孔子学院和1073个中小学孔子课堂,其中,"一带一路"沿线共有51个国家和地区开设了134

---

① 如:We two who and who?(咱俩谁跟谁?),If you want money, I have no. If you want life, I have one.(要钱没有,要命一条),American Chinese not enough(美中不足)等。

② 数据来源于人民网《人民日报》(海外版),2014年7月11日。

所孔子学院和130个中小学孔子课堂,欧盟28国、中东欧16国实现全覆盖。现有注册学员210万人,中外专兼职教师4.6万人。[①] 据《中国文化发展报告》显示,孔子学院已成为汉语推广和体现中国"软实力"的文化品牌。

孔子学院(Confucius Institute),即孔子学堂,是中国国家汉语国际推广领导小组办公室在世界各地设立的推广汉语和传播中国文化与国学教育的文化交流机构,一般都是下设在国外的大学和研究院之类的教育机构里。孔子学院最重要的一项工作就是给世界各地的汉语学习者提供规范、权威的现代汉语教材和汉语教学渠道。不列颠哥伦比亚大学中文教授、加拿大中文协会会长陈山木先生是关于创办孔子学院的最早倡议者。

从全球分布上看,欧洲、美洲和亚洲是孔子学院分布最密集的地区,截至2017年12月31日,分别为173所、161所和118所。欧洲第一所孔子学院设在瑞典斯德哥尔摩大学,于2005年开办,2014年底到期关闭[②],欧洲以英国、俄罗斯、法国、德国和意大利开办的数量最多且规模最大,分别为29所、17所、17所、19所和12所;美洲以美国、加拿大和巴西开办的孔子学院数量最多且招生规模最大,分别为110所、12所和10所;亚洲以韩国、日本和泰国开办的数量最多且规模最大,分别为23所、14所和15所[③]。

孔子学院作为非营利性教育机构,在增进世界人民对中国语言和文化的了解、发展中国与外国的友好关系、促进世界多元文化发展方面做出了积极的贡献。孔子的学说传到西方,最早是从400多年前意大利传教士把《论语》译成拉丁文带到欧洲开始的。如今,孔子学说已走向了五大洲,各国孔子学院的建立,正是孔子"四海之内皆兄弟""和而不同"以及"君子以文会友,以友辅仁"思想的现实实践。

---

① 数据来源于《人民日报》(海外版),2014年7月11日。

② 一般开办孔子学院的国家,合约到期需要续签,不续签则关闭学院。美国曾发生过2012年的审查事件和2014年芝加哥大学、宾夕法尼亚州立大学的停办风波,均属谣言,事实真相是:美国110所孔子学院全部运行正常,没有一所关闭。

③ 数据来源于国家汉办官网,2018年6月20日。

各地孔子学院利用自身优势,通过组织展览、演出或竞赛活动以及组织实施汉语水平考试(HSK)等方式,开展丰富多彩的教学和文化活动,成为推广汉语教学、传播中国文化及国学的全球品牌和教学平台。

许嘉璐[①]曾说:"语言从来是民族或国家之间建立联系、沟通心灵的桥梁,在当前这样的时代,其连接沟通的作用更远远超越历史上任何阶段。汉语作为中华民族和外部世界沟通的最得力的工具,也迎来了前所未有的压力和挑战。"孔子学院秉承孔子"和为贵""和而不同"的理念,将中国传统文化精髓和当代中国的发展结合起来,不仅推动了中国文化与世界各国文化的交流与融合,而且凸显了汉字在建设和谐世界中的桥梁纽带作用,使这一古老文字加速走向世界,承载起世界文化、世界文明的不可或缺的历史担当。

## 四、书写有法

汉字形体几千年的演变,本身就是汉字结构、书写章法和审美的变化过程,因其书写有法,形成了独特的书法艺术,即字的艺术。

中国书法,是中国汉字特有的一种传统艺术,纵观今天世界各国的文字,唯有"方块字"因其形体的优美、独特,称得上是书法艺术。书法是指文字符号的书写法则,即按照文字特点及其含义,以其书体笔法、结构和章法书写,使之成为富有美感的艺术作品,它是技法和美学的结合,被誉为:无言的诗、无形的舞、无图的画、无声的乐。

在技法上,汉字书法有"神、气、骨、肉、血"的审美境界,以及笔法(笔势)、字法(构法)、章法、墨法等内容。

书法笔法是其技法的核心内容。笔法也称"用笔",指运笔用锋的方法。"凡是能给人以美感的用笔(线条或点画)都应是有力度的",这种力度,称为"笔力"。判断点画有无"笔力"的标准是"圆"和"涩",要做到"横鳞竖勒"。

---

① 全国人大常委会原副委员长。

字法，也称"结字""结构"，指字内点画的搭配、穿插、呼应、避就等等关系。理想的字法是通过违与和、正与斜、疏与密、增与减、向与背、松与紧、平与险、避与就的处理构成美的汉字形体，正如唐代孙过庭所说："一点成一字之规，一字乃终篇之准，违而不犯，和而不同。"

章法，也称"布白"，指一幅字的整体布局，包括字间关系、行间关系的处理。

墨法，是用墨之法，指墨的浓、淡、干、枯、湿的处理。"字本于笔，而成于墨""肉生于墨，血生于水"，没有墨色的变化、配合，用笔效果就难以达到。字缺乏血肉，也就没有了生命。

由此可见，中国的书法与传统文化和书写工具分不开。传统文化是产生书法审美的深厚背景，因此，在书法审美上追求整体美、和谐美。书法作品的整体美，即一幅作品的章法布局之美。章法布局是书法作品成功与否的一个重要因素，集点画成字，集字成行，由行联篇，构成章法。书写工具，古有"文房四宝"之称，因此，狭义的书法又指用毛笔书写汉字的方法和规律，包括执笔、运笔、点画、结构、布局（分布、行次、章法）等内容。章法集众字而成篇，以整幅为一体，与运笔的节奏、墨韵的变化、笔力和气势、结构和意境等各方面都有着密切的联系。章法安排又要求做到均衡协调、照应严谨，通过字形的大小、长短、伸缩、开合以至用笔的轻重疾徐、墨色的浓淡枯润变化，在笔势的管束下，组合成一个均衡统一的整体。

（一）字的艺术

汉字已成为一种艺术，书法艺术就是文字的书写艺术，以汉字为载体。汉字的特殊性是书法特殊性的一个重要方面，因为汉字的象形性，与其他拼音文字不同，汉字成了形、音、义的结合体，形式意味很强，鲁迅先生说："汉字有三美：意美以感心，音美以感耳，形美以感目。"汉字点画的形态、偏旁的搭配，都构成独具韵味的艺术美。因此，汉字已不是一种单纯的语言交流工具，而是中华民族的一种艺术形式，是中国民族文化象征的载体。

书法艺术兴始于汉字的产生阶段,"声不能传于异地,留于异时,于是乎文字生。文字者,所以为意与声之迹"(马宗霍《书林藻鉴》)。书法的演变包含了书法字体的演变,从甲骨文、金文演变而为大篆、小篆、隶书,至东汉、魏、晋的草书、楷书、行书诸体,书法一直散发着独特的艺术魅力。清代书法家梁巘在《评书帖》中说"晋人尚韵,唐人尚法,宋人尚意,元明尚态",康有为在《广艺舟双楫》中也说"唐言结构,宋尚意趣",一般来说,魏晋时期既是书体的终结期,又是书法技法的集大成期。中国书法的书体主要有五种:楷书体(含魏碑、正楷)、行书体(含行楷、行草)、草书体(含章草、小草、大草、标准草书)、隶书体(含古隶、今隶)、篆书体(含大篆、小篆)。

书法作品之美,在于整体均衡协调、照应严谨,如一队队有组织、有纪律的士兵,或似大小错落疏密有致、夜空中闪烁明灭的星辰,或行间茂密左右映带,或空旷疏朗上下呼应。如王羲之的《兰亭序》,终篇笔意顾盼、首尾呼应,偃仰起伏、似欹反正、血脉相连、一气贯注,在布局上达到了上下承接、左右呼应、通篇团聚不散的艺术效果。章法的布局美在于它符合自然美的法则,妙在各得其所。如苏东坡的《寒食帖》,通篇结构大小、长短、疏密等变化迷离,在有意无意中流露出一种不事雕琢的意趣。

反之,过于工整、齐平而无变化,杂乱无章而乏气韵,以及一些过于拘塞或过于疏散的章法就不会给人一种美的享受。如石鼓文,其形态端庄,笔画均匀凝重,富于内在的力量;字的结构常将右边偏旁靠下,而将左边笔画上提,这种参差之美,正是书写者有意在总体的稳重格局中,造成一种打破呆板、平衡的动势,赋予字形一种活力。唐代书法理论家张怀瓘在《书断》中这样评价石鼓文的审美特色:"乃开阖古文,畅其戚锐。但折直劲迅,有如镂铁;而端姿旁逸,又婉润焉。"唐代大文学家韩愈在《石鼓歌》中称颂其书体、笔画、结构之美:"鸾翔凤翥众仙下,珊瑚碧树交枝柯。"

在用笔上,执笔指实掌虚,五指齐力;运笔中锋铺毫;点画意到笔随,润峭相同;结构以字立形,相安呼应;分布错综复杂,疏密得宜,虚实相生，全章贯气；款识字古款今，字大款小，宁高毋低等。

汉字的书写工具，通常称"文房四宝"，各代所指略有不同，但笔、墨、纸、砚的叫法较为普及，即便是后来出现的铅笔、钢笔、圆珠笔等硬笔工具，在艺术审美上也是相通的。

笔，以毛笔为主，分硬毫、兼毫、软毫，可以用禽、兽或人的毛制成，初用兔毛，后亦用羊、鼬、狼、鸡、鼠等动物毛，笔管以竹或其他材质制成，是古代中国与西方民族用羽毛书写风采迥异的独具特色的书写、绘画工具。传说为蒙恬所创，至今被誉为毛笔之乡的河北衡水市侯店每逢农历三月初三，如同过年，家家包饺子，饮酒庆贺，纪念蒙恬创毛笔。好的毛笔，要具有"尖、齐、圆、健"的特点，书写时，要经过开笔、润笔、入墨，以增加笔的韧性和运笔的流畅，才能运转自如地表现书法之美。

墨，是书写、绘画的色料。在人工制墨发明之前，一般利用天然墨或半天然墨来作为书写材料，史前的彩陶纹饰、商周的甲骨文、竹木简牍、缣帛书画等都有用墨的遗痕。文献记载，古代的墨刑（黥面）、墨绳（木工所用）、墨龟（占卜）也曾有过用墨。汉代，开始出现人工墨品。这种墨的原料取自松烟，最初是用手捏合而成，后来用模制，墨质坚实。东汉应劭《汉官仪》记载："尚书令、仆、丞、郎，月赐愉糜大墨一枚，愉糜小墨一枚。"（愉糜在今陕西省千阳县，靠近终南山，山上古松甚多，用来烧制成墨的烟料，极为有名。）墨模的雕刻是一项重要的工序，也是一个艺术性的创造过程，一般由正、背、上、下、左、右6块组成，墨之造型大致有方、长方、圆、椭圆、不规则形等。墨的外表形式多样，可分本色墨、漆衣墨、漱金墨、漆边墨等。墨锭宜旧，胶愈古愈好。

纸，是中国古代四大发明之一，一般认为，由东汉的蔡伦发明。但据考古发掘发现，西汉早期的放马滩纸，西汉中期的灞桥纸、悬泉纸、马圈湾纸、居延纸，西汉晚期的旱滩坡纸，都早于蔡伦纸，而且纸上有墨迹字体。东汉的蔡伦改进造纸术，使得书写工具得以普及，为世界文化的传播做出卓越贡献。至今，已有1500余年历史的"宣纸"[①]，仍然是供毛笔书

---

[①] 宣纸"始于唐代、产于泾县"，因唐代泾县隶属宣州管辖，故因地得名宣纸。

画用的独特的手工纸，其质地柔韧、洁白平滑、色泽耐久、吸水力强，在国际上有"纸寿千年"的声誉。

砚，也称砚台，是中国书写、绘画研磨色料的工具，有陶、泥、砖瓦、金属、瓷、石等质地，最常见的是石砚。汉代时砚已流行，宋代则已普遍使用，明、清两代品种繁多，出现了被人们称为"四大名砚"的洮砚、端砚、歙砚和澄泥砚。砚虽然在"笔墨纸砚"的排次中位居殿军，但因其质地坚实、能传百代，地位却居领衔，被古人誉为"文房四宝之首"，古代中国文人对砚十分重视，不仅终日相随，而且死后还用之殉葬。砚需常洗，水愈新愈好。

笔、墨、纸、砚，各有各的用途，各有各的讲究，所谓"名砚清水，古墨新发，惯用之笔，陈旧之纸"，结合在一起书写汉字，才能综合成为中国人独特的书法艺术。

汉字书写讲究整体形态美、点画结构美、墨色组合美。点画线条中，要求具有力量感、节奏感和立体感；空间结构中，讲究单字的结体、整行的行气和整体的布局三部分。一幅好的书法作品应该是形神兼备的，即在点画线条及其结构组合中透出人的精神、格调、气质、情趣和意味，"神采为上，形质次之，兼之者方可绍于古人"。

中国古代著名书法家不计其数，为后世尊崇的有：王羲之、王献之、欧阳询、颜真卿、柳公权、赵孟頫、张旭、怀素、苏轼、黄庭坚、褚遂良、米芾等，他们留给后人浩如烟海的优秀书法作品。

王羲之《快雪时晴帖》：共有28字，正文15字，行草楷体交叉，自然和谐，一气呵成。圆笔藏锋为主，起笔、收笔、钩挑波撇不露锋芒，横转竖为圆转笔法；匀整安稳、气定神闲、不疾不徐；体势优美，如"快"字左右相向呼应，"夬"的右肩略微高耸，末笔右顿，调和倾斜；"雪"字上部向左倾斜，末画收笔向右下。

苏轼《江上帖》：落笔如漫不经心，整体布白自然错落，丰秀雅逸，端庄圆润，但不做作；笔法精严，但不拘束。作者的学问才气发于笔端，与书札的萧散风格相吻合。

明代宋克《急就章》：雅化草体，波挑鲜明，笔画勾连呈"波"形，横势隶化，字字独立，字形扁方，笔带横势，点划连字，结构简省，偏旁假借。

张旭《肚痛帖》，后人有诗赞之：醉后疾书草太极，医帖自授也神奇。诗书剑术三绝对，酒笔仙人九减一。急雨旋风狂舞墨，悬崖坠马猛收蹄。千金难买休说贵，肚痛黄汤竟是迷！

（二）书画同源

最早的象形文字，就是用线条画成的一幅幅小画，后来才逐渐脱离象形，演变为线条化的文字。距今六七千年前新石器时代画在陶器上的图画，如鱼、蛙、鹿、鸟、花叶、舞蹈等，是中国最早的绘画作品。

**蹈纹彩陶盆**

书与画，同质而异体也，亦同质而同体也。画家观嘉陵江，则见其波涌涛起，写其状貌、追其神髓；书家怀素夜闻嘉陵江涛声，则于状貌之外，得其体势；公孙大娘一舞剑器，天地低昂；张旭观其风韵，神入霜毫。唐代张彦远在《历代名画记·叙画之源流》中说："书画同体而未分，象制肇始而犹略。无以传其意，故有书；无以见其形，故有画。"《殷契》古文，其体制间架，既是书法，又是图画。

因此，书画同源有四同：源同、形同、神同、工同。

1. 源同

书法和中国画（也称国画）的起源相同。伏羲画卦、仓颉造字，是为书画之先河，文字与画图最早并无歧异之分。书法起源于古代象形字，象形字和绘画起源于新石器时代的彩陶。莽莽天宇，恢恢地轮，一切有形有影、有声有色的万象，既是书法家创造的源泉，也是画家创造的源泉，大自然是艺术创造中最本质的源。

2. 形同

书法和国画的表现形式相同，尤其是在笔墨运用上具有共同的规律性。中国画盛用线条，书法的用笔是中国画造型的语言，离开了书法的用笔，就没有中国画，因而，中国画本身具有强烈的书法趣味，国画的线条、墨韵，处处都透露着抽象之美，流露出其独立的审美价值。元代书画家赵孟𫖯，曾在画上题诗曰："石如飞白木如籀，写竹还应八法通。若也有人能会此，须知书画本来同。"赵孟𫖯强调，中国绘画应以"写"代"描"，以书法的笔法画画。

唐代张彦远在其《历代名画记·叙画之源流》中说："书之体势，一笔而成，气脉通连，隔行不断，维王子敬明其深旨。故行首之字，往往既其前行，世上谓之一笔书。其后陆探微亦作一笔画，连绵不断，故知书画用笔同法。"宋元以后兴盛而起的文人画①，使书画在表现形式上同源，尤其是在笔墨运用上具有共同的规律性，得以充分发掘。文人画重视对笔墨的追求，旨在于突出绘画中用笔本身的独立审美价值，这与书法艺术重视用笔不谋而合。明代王世贞在其《艺苑卮言》一书中，以画竹为例对此进行了论述："干如篆，枝如草，叶如真，节如隶"；此外，还有以八分法或鲁公撒笔法画竹叶，折钗股、屋漏痕之遗意画木石的说法；南唐后主李煜曾用金错书法画竹；郭熙、唐棣画的树，文同画的竹，温日观画的葡萄，均由草书中得来。

3. 神同

书法和国画的审美追求相同，都是创作者情趣、意境和情感的寄托或表达。笔墨不只是一种技能，更是一种精神，不用笔墨或不讲笔墨的中国画，就会失去画之魂。受中国传统哲学思想的影响，书画注重虚实结合，

---

① 泛指中国封建社会中文人、士大夫所作之画。不求画面色彩，只重意境，带有浓厚的文人情趣和文人思想。

注重意境。书法注重气势之美、意态之美、韵律之美，国画充分运用了书法艺术的这种抽象手段，在内容和艺术创作上，体现了古人对自然、社会及与之相关联的政治、哲学、宗教、道德、文艺等方面的认知。蔡元培在《图画》中说："中国画与书法为缘，而多含文学之趣味。"

书画均讲究气韵生动，气为万物之本，是书画的生命力；韵为书画艺术家的才情。五代画家荆浩说，画有六要："一曰气、二曰韵、三曰思、四曰景、五曰笔、六曰墨。""气者，心随笔运，取象不惑；韵者，隐迹立形，备仪不俗；思者，删拔大要，凝想形物；景者，制度时因，搜妙创真；笔者，虽依法则，运转变通，不质不形，如飞如动；墨者，高低晕淡，品物浅深，文彩自然，似非因笔。""笔拖而不断谓之筋；起伏成实谓之肉；生死刚正谓之骨；迹画不败谓之气。"书家脱尽尘俗而气韵生，绘画山水传神则气韵足。

4. 工同

书画都是"笔、墨、纸、砚"文化，在工具和技法上相同。

国画，也称丹青，是用毛笔蘸水、墨、彩作画于绢或纸上。工具和材料有毛笔、墨、国画颜料、宣纸、绢等，题材可分人物、山水、花鸟等（也称"画分三科"），技法可分具象、工笔和写意。所谓"画分三科"，即概括了宇宙和人生的三个方面：人物画表现人类社会，人与人的关系；山水画表现人与自然的关系，将人与自然融为一体；花鸟画表现大自然的各种生命，与人和谐相处。这是由艺术升华的哲学思考，是艺术之为艺术的真谛所在。

毛笔不仅是汉字书写工具，也是中国传统绘画工具，主要用于勾勒线条和调颜色、渲染。在传统绘画中，无论是工笔还是写意，基本上是用毛笔勾勒线条，以此塑造形体结构，并用毛笔调颜色以及分染、罩染等渲染技法来描绘物象。

汉字之趣，在于它的缘起和构造，以及形体、结构的演变，无论是古代的汉文化圈，还是今天在世界的影响，汉字都因其独特的魅力，受到越来越多的人的喜爱和关注。尤其是以汉字为载体的书法艺术，以及与中国绘画的结合，更用艺术的张力，表现了汉字之美和汉字之韵，使中国书画奇幻美妙的艺术意境得以实现。作为一种古今一脉相承、形体独有的文字，在信息化时代的今天，不应淹没在叮咚作响的键盘里，而应找寻新的方式，使其成为陪伴生活的别样纸墨书香。

# 初版后记

此书的编写和出版，正逢党的十九大胜利召开。文化自信的根，是一粒深埋于心多年的种子，在温暖和煦的春风中，借势待发，终于欢声跃起，冲出胸臆。

衣之品、味之道、文之情、字之趣，只是五千年传统文化情愫的一个小小侧面，关于传统文化，想写和想表达的还有很多，恐怕再多的时间都无法悉数描述。由于笔者的精力和能力有限，留有遗憾和不足的地方在所难免，衣食住行和琴棋书画尚不能全，期待有佳时，再续文化之缘，唯愿中华优秀传统文化能为中国特色社会主义文化挖掘更多创新创造的源泉。

感谢昆明理工大学津桥学院多年来对我在教学和科研中给予的关怀和支持，感谢云南人民出版社陈粤梅女士和冯琰女士的耐心和帮助，感谢家人在我长期伏案中给予的理解和照顾。

2018 年 4 月　暮春

# 重印后记

今年盛夏，《中国传统文化四谈——品、味、情、趣》需要重印。回望初版时，正是党的十九大召开后，全国人民朝着美好生活勠力前行之际。仅仅过去5年多，我们有了极不寻常、极不平凡的经历，尽管世界之变、时代之变、历史之变加速演进，但"岂曰无衣，与子同裳"的诗词美温暖过我们，"青绿千载，山河无垠"的舞蹈美惊艳着我们……中华优秀传统文化成了涵养我们并赋予我们力量的源泉。倏忽间，党的二十大召开，新时代新征程更需要我们弘扬讲仁爱、重民本、守诚信、崇正义、尚和合、求大同的中华文明，正如马克思所言："凡是民族作为民族所做的事情，都是他们为人类社会而做的事情"。

此次重印，时间仓促，未能了却补全内容的心愿，仅对个别字句、图片做了修订。出版社的同志细心、负责，在我看来，正是对传统文化的一种致敬和诠释。

2023 年 8 月